AF438696

L'IMPOT SUR LES ALCOOLS

ET

LE MONOPOLE EN ALLEMAGNE

L'IMPOT SUR LES ALCOOLS

ET

LE MONOPOLE EN ALLEMAGNE

PAR

ARTHUR RAFFALOVICH

> On ne saurait trop le répéter, l'État n'est
> et ne peut être qu'un fabricant et un marchand
> très maladroit; ses frais dans la production
> ou la fabrication de quoi que ce soit ne sont
> jamais ceux que la nature exige.
>
> (MIRABEAU, *De la monarchie prussienne*
> liv. VI, p. 399. t. II.)

PARIS

LIBRAIRIE GUILLAUMIN | LIBRAIRIE CHAIX
14, rue Richelieu. | 20, rue Bergère.

1886

AVANT-PROPOS

Je réunis quelques articles qui ont paru dans le *Journal des Économistes*, dans *le Journal des Débats* et dans *l'Économiste français* sur la question du monopole des alcools et de la législation fiscale actuelle en Allemagne. J'y ai joint le texte même du projet de loi qui a été rejeté par le Reichstag, l'exposé des motifs et le résumé de la discussion dans le Parlement (1), ainsi qu'un aperçu de l'histoire du monopole en Russie, monopole aboli en 1862.

C'est afin de fournir des documents à consulter que je fais cette publication.

A. R.

1ᵉʳ Mai 1886.

---

(1) Puisés dans le *Bulletin de statistique du Ministère des Finances*.

L'IMPOT SUR LES ALCOOLS

ET

LE MONOPOLE EN ALLEMAGNE

I

L'échec du monopole des alcools en Allemagne.

Il semble vraiment que, par une étrange fatalité, les peuples soient condamnés à piétiner sur place, à repasser sans cesse par les mêmes errements et qu'il faille acheter le progrès à force de patience, à force de persévérance. Le niveau moral et matériel s'élève d'un siècle à l'autre, le bien-être augmente, et l'on n'a pas besoin d'appeler à son aide les ressources de la statistique pour le démontrer. Mais, à côté de cette marche continue en avant, que de reculs partiels, que de défaillances, que de retours en arrière! La conquête de nos droits les mieux reconnus, de nos libertés les plus élémentaires est de date bien récente, et cependant que d'assauts il a fallu repousser, pour défendre les positions occupées. Les doctrines les plus fausses et les plus dangereuses ne sont jamais réfutées au point d'être détruites; elles disparaissent pendant un temps, elles quittent un pays, mais elles se rencontrent ailleurs, à une autre époque, et l'on est tout surpris d'avoir à lutter contre des revenants.

Ces réflexions, quelque peu découragées, se justifient aisément par le spectacle que présente la législation économique des dernières années en France, en Allemagne et même en Angleterre. Sous le masque de la philanthropie ou afin de s'attacher certaines catégories d'électeurs, on a recommencé à faire de la législation de classe; on rétablit des privilèges en faveur d'une fraction de la nation.

L'homme d'État, qui a remporté les plus grands triomphes et qui passe pour tenir dans ses mains les fils de la politique européenne, le prince de Bismarck, a certainement contribué à ce déchaînement du socialisme d'État, à cette invasion croissante de la collectivité dans le domaine de l'activité individuelle. L'exemple est contagieux, et certaines théories, lorsqu'elles sont professées par des personnages aussi dominants que le chancelier allemand, trouvent aisément des imitateurs.

Depuis 1879, M. de Bismarck a engagé l'Allemagne dans une politique que nous qualifierons de réactionnaire, au point de vue économique. Il est rentré dans la voie de la protection douanière, que l'Allemagne avait abandonnée sous sa conduite, et poursuivant le double but d'augmenter les ressources fiscales de l'Empire et de défendre l'industrie indigène contre la concurrence de l'étranger, il a fait adopter des tarifs protecteurs, qui ont été surélevés en 1885. Il est difficile de s'arrêter jamais sur cette route, qui est en pente et sur laquelle on roule par l'impulsion première. M. de Bismarck a fermé davantage le marché indigène, mais il a dû en même temps chercher à développer les débouchés au dehors. Il a été amené à faire de la politique coloniale, afin de conquérir de nouveaux marchés.

On sait comment il a étendu successivement le domaine de l'État par le rachat des chemins de fer, comment il a porté atteinte à l'industrie privée de l'assurance contre les accidents, comment il a organisé la prévoyance obligatoire contre la maladie et comment il a projeté cette prévoyance contre le chômage et la vieillesse. Nous n'avons pas à retracer le tableau de la législation intérieure de l'Allemagne depuis sept ans, à montrer des dépenses sans cesse grandissantes, les contribuables de plus en plus lourdement frappés, la minorité protégée aux dépens de la majorité de la nation. Les mêmes motifs, les mêmes artifices de toute sorte qui ont été employés à diverses reprises, lorsqu'il s'est agi d'obtenir le vote de nouveaux impôts, ont été mis en œuvre une fois de plus afin de doter l'Empire allemand d'un gigantesque monopole des eaux-de-vie. Après les boulangers et les gens de bourse, les banquiers et les courtiers, ce sont les cabaretiers, les débitants de boisson, qui ont été mis sur la sellette devant le pays et qu'on a accusés d'empocher d'énormes bénéfices illicites ; la même accusation a été lancée contre les négociants et les débitants de tabac en 1882, lorsqu'on a voulu imposer à l'Allemagne le monopole du tabac.

Un trait caractéristique de la législation économique du chancelier, c'est qu'elle concerne toujours une classe, et qu'elle accorde ses plus grandes faveurs à l'agriculture, à une catégorie spéciale, celle des grands propriétaires fonciers. C'est pour eux que les droits sur les céréales, sur les bois étrangers ont été créés, et ce sont eux qui auraient profité du monopole de l'alcool.

On peut se réjouir très sincèrement de la défaite que la politique du prince de Bismarck a subie au Parlement allemand. Le monopole de l'eau-de-vie est mort et enterré. « *De mortuis nihil nisi bonum* », c'est une indulgence que nous ne saurions avoir à l'égard de ce projet de loi qui a succombé devant une formidable opposition. Les Allemands tolèrent plus de police et de bureaucratie que les races latines, mais ils supportent moins aisément le régime du monopole, qui vient restreindre leur liberté d'allures sur le terrain économique. Cette réflexion, faite en 1857 par M. Delbrück s'est trouvée plus vraie que jamais, dix-neuf ans plus tard.

L'opposition a réuni cette fois les progressistes, le centre catholique, les nationaux libéraux, cependant si souples d'ordinaire et les socialistes. Hors du Parlement 300,000 débitants de boisson, et les fabricants de liqueurs, 40 à 50,000 bouilleurs de cru de l'Allemagne du Sud et de l'Alsace, la ville de Nordhausen qui produit le douzième de l'eau-de-vie consommée en Allemagne et qui était condamnée à la ruine, ont exercé une pression irrésistible. Une grande partie de la reconnaissance publique doit revenir à M. Richter qui tira le canon d'alarme dans son journal le 28 novembre 1885 et attira l'attention publique sur les projets de M. de Bismarck. Malgré les démentis de la presse officieuse, le monopole de l'alcool ne tarda pas à faire son apparition. Son existence a été de courte durée, puisqu'avant le 15 mars de l'année suivante, il était défunt.

M. Brœmel, l'un des députés libéraux au Reichstag et qui est toujours sur la brèche pour repousser les attaques du socialisme d'État, avait caractérisé les tendances du monopole de l'eau-de-vie, dans un article de *la Nation* (16 janvier) (1).

« L'Empire allemand doit établir une gigantesque entreprise de commerce et de fabrication. Il va acquérir des établissements industriels et en fonder de nouveaux, engager des employés et des ouvriers, nommer des agents en gros et des détaillants, entretenir des dépôts et se livrer à des affaires d'exportation. Les fabricants d'alcool participeront à l'entreprise, le bénéfice tombera dans les caisses de l'État et dans celles du distillateur de pommes de terre. La forme de l'entreprise peut être nouvelle, la chose elle-même n'est plus neuve depuis longtemps. Voici des années que la législation financière de l'Empire travaille avec des associés; la raison sociale « le fisc et compagnie » appartient non pas seulement à l'affaire du monopole.

____

(1) Revue hebdomadaire dirigée par le docteur Th. Barth, député au Reichstag.

mais à la politique fiscale et économique tout entière. »

Nous bornons à cet extrait l'emprunt que nous faisons à M. Brœmel, dont tout l'article est à citer, même aujourd'hui que la discussion a épuisé tous les arguments et fait perdre au projet de loi presque tout intérêt.

L'ensemble d'idées antilibérales et de tendances révolutionnaires, qui se dissimulent sous l'étiquette de socialisme d'État, n'a jamais été mis à jour comme dans cette tentative d'introduire le monopole de l'eau-de-vie. On est loin de l'époque relativement récente (1862) où l'empereur Guillaume, alors encore prince régent de Prusse, condamnait le monople du sel, dernier vestige survivant d'un régime suranné ; on est loin des discussions parlementaires qui ont abouti à la suppression du monopole du sel.

L'exposé des motifs, les discours du ministre des finances de Prusse et des représentants des distilleries de pommes de terre ont fait toute la lumière désirable sur les mobiles : 1° augmenter les ressources fiscales de l'Empire et des États particuliers, faire disparaître les droits séparés que s'étaient réservés les trois États du sud ; 2° venir en aide à une catégorie spéciale de grands propriétaires. On achetait l'assentiment de la Bavière, du Wurtemberg et de Bade en leur accordant une part plus élevée dans les recettes du monopole que ne le comportait la consommation actuelle de l'eau-de-vie dans leur territoire. On comptait s'attacher les municipalités en leur accordant le droit de taxer l'alcool de centimes additionnels à leur profit. Enfin, on se donnait les gants de combattre l'alcoolisme, en ne voulant vendre que de l'eau-de-vie absolument rectifiée et en renchérissant le prix de vente. En même temps on établissait dans la personne des débitants, dont la boutique aurait été probablement surmontée des armes de l'Empire, une armée d'agents provocateurs à la consommation.

Mirabeau, dans sa compilation de génie sur la monarchie prussienne, nous montre Frédéric II pressé d'argent pour ses armements, pour l'entretien de sa puissance militaire et recourant dans la seconde partie de son règne au

système des monopoles (1). Il nous fait voir le roi plein
de sollicitude et de ménagement pour les intérêts de sa
noblesse, cherchant à développer les impôts indirects. L'histoire nous fait passer par des phases qui se ressemblent,
et il y aurait bien des traits dans le tableau tracé par
Mirabeau, qui s'appliqueraient à la Prusse contemporaine.
La noblesse qu'on ménage maintenant, ce sont les grands
propriétaires fonciers de la Prusse, qui cultivent la pomme
de terre sur de vastes étendues sablonneuses et qui, à
l'ombre d'une taxation éminemment favorable, immuable
depuis 1855, ont porté la distillerie à un haut degré de
perfection. Grâce au régime fiscal, grâce à un impôt
minime (20 centimes par litre), ils ont exagéré la production de l'alcool, et malgré une exportation de 800,000
hectolitres, les prix sont tombés considérablement depuis
deux ans. Les distilleries à l'est de l'Elbe fournissent les
85 0/0 de l'alcool allemand, elles se trouvent pour la plupart dans les mains de grands propriétaires, et au lieu
d'être une industrie accessoire, elles sont devenues une
industrie principale. Les domaines sur lesquels il y avait
des distilleries ont haussé 4 à 5 fois de prix entre 1820
et 1860. Les bas prix actuels sont dus en partie à un
excès de production, ces bas prix rendent l'exploitation dispendieuse, et comme les grands propriétaires ont l'oreille
du gouvernement, ils ont sollicité l'aide de l'État. Celui-
ci avait refusé d'augmenter les droits sur l'alcool, qui
sont inférieurs en Allemagne à ceux du reste du monde,
— de changer la législation, afin de ne pas ruiner l'agriculture dans les provinces orientales; le projet de monopole permettrait de tirer les brûleurs de pommes de terre
de leur embarras, de leur garantir un prix de vente rai-

---

(1) Les arrière-grands-parents de la génération actuelle ont
encore connu le *café du roi*, le monopole du café existait en
Prusse sous le grand Frédéric, et le café se vendait dans de petites
boites en fer-blanc.

sonnable, et d'extraire par la même occasion d'innombrables millions de la poche des consommateurs. Le complot a échoué, comme l'on sait. Rien n'assurait d'ailleurs que l'État dût vraiment encaisser 374 millions de francs pour sa part. Les calculs du gouvernement ont été critiqués par les experts les plus compétents, qui ont démontré que les recettes seraient infiniment moindres et qu'il ne valait pas la peine, pour 100 millions au maximum, de bouleverser une industrie considérable, alimentant 300,000 existences, de forcer les petits bouilleurs de cru à disparaître, de supprimer tout un groupe nombreux de rectificateurs d'alcool, de fabricants de liqueurs, de négociants exportateurs, etc. La consommation à l'intérieur allait diminuer dans des proportions incalculables, devant une augmentation du prix de vente; l'État serait obligé de restreindre la production de l'alcool et par suite de contraindre les agriculteurs à faire moins de pommes de terre; il aurait toutes les peines du monde à placer les quantités d'alcool non consommées à l'intérieur, le marché étranger ne pourrait tout absorber, et d'ailleurs les concurrents de l'Allemagne, l'Autriche et la Russie, ne se laisseraient pas fermer leurs débouchés sans résister énergiquement, sans augmenter les primes à l'exportation.

Les adversaires du monopole ont montré ensuite le danger que courrait l'indépendance industrielle, l'indépendance du Parlement, le jour où le gouvernement aurait à son service 70,000 agents électoraux dans des débitants révocables à volonté.

Nous n'avons pas cru devoir insister sur les inconvénients économiques du monopole : la question est jugée depuis longtemps. Nous ferons, pour clore cette rapide étude, un nouvel emprunt à Mirabeau.

« Quand les modérateurs des empires seront dans les bons principes, ils n'auront que deux affaires : celle de maintenir la paix extérieure par un bon système de défense et celle de conserver l'ordre intérieur par une administration exacte, impartiale, inflexible de la justice. Tout

le reste sera laissé à l'industrie particulière, dont l'irrésistible influence opérant une plus grande somme de jouis-
sances pour chaque citoyen, produirait infailliblement une
masse plus considérable de bonheur public... Il importe
infiniment à la prospérité des nations, à la puissance de
leurs chefs, qu'ils laissent à l'industrie humaine la plus
grande liberté, qu'ils gouvernent le moins possible. » (*De
la monarchie prussienne*. t. I. Édition de Londres, 1788.)

II

L'Impôt sur les alcools en Allemagne (1).

La défaite du prince de Bismarck et des grands propriétaires fonciers dans la question du monopole de l'eau-de-vie a été éclatante et rapide. On dit que le chancelier de l'empire s'était fait quelques illusions sur le sort du projet de loi : il avait compté que les délibérations de la commission chargée de l'examiner se prolongeraient assez pour lui permettre des marchandages avec les différentes fractions parlementaires. Cette espérance a été déçue ; on assure que M. de Bismarck, ainsi que le ministre des finances, sont fort mécontents, qu'ils ont l'intention de revenir à la charge avec un autre projet de monopole. Nous croyons qu'on peut se féliciter de cet échec du socialisme d'Etat en

----

(1) Nous recommandons à nos lecteurs l'excellent traité du professeur Jules Wolf : *die Branntweinsteuer* (Tübingue, 1884), auquel nous sommes très redevable, ainsi que Geffken : *L'impôt sur l'eau-de-vie et l'alcoolisme* (Bonn, 1886) ; Dr Eras : *Le Monopole de l'eau-de-vie* (Berlin, 1886). M. *Isidore Sachs* a publié dans le *Journal de la Distillerie française*, dirigé par M. Durin, la traduction de la législation allemande en vigueur.

Allemagne. Les économistes libéraux, M. Richter, M. Bamberger, ont vaillamment combattu pour les droits de l'industrie privée contre les empiétements de la collectivité.

La législation de l'impôt sur l'alcool reste donc la même pour le moment en Allemagne. Bien qu'elle ait été l'objet d'attaques multipliées, elle a résisté depuis trente ans à toutes les tentatives de réforme. Il n'est peut-être pas sans intérêt d'en faire brièvement l'historique, d'en indiquer les caractères distinctifs, de montrer les relations intimes existant entre elle et l'agriculture des provinces orientales de l'empire. Ces détails font voir les phases diverses qu'une industrie traverse sous l'influence de la législation.

Au siècle dernier, le peuple consommait peu d'alcool en Allemagne. Il n'y avait pour ainsi dire pas de distilleries dans les campagnes. L'industrie était urbaine, elle avait son siège principalement dans quelques villes, Nordhausen, Ulrichstein, Munster. On distillait surtout du grain; les procédés de rectification étaient fort arriérés et l'eau-de-vie s'améliorait en vieillissant. Les guerres de Napoléon Ier, le passage des armées, les fatigues des soldats, développèrent le goût et la consommation de l'eau-de-vie, et comme l'eau-de-vie de grain était relativement plus chère, on se mit à distiller la pomme de terre.

Un droit sur l'eau-de-vie figure en 1595 dans les comptes de l'hôtel de ville de Berlin. L'eau-de-vie est mentionnée également comme un article imposable dans l'ordonnance sur l'accise de 1641. L'accise s'appliquait seulement aux villes; la distillation était un privilège réservé aux villes, interdit aux habitants des campagnes, à l'exception des nobles. D'après l'ordonnance de 1680, 56 litres d'eau-de-vie payaient 2 gros 6 pfennigs. L'administration de l'accise fut confiée aux villes jusqu'à la fin du xviie siècle. En 1704 on fit l'essai de la ferme. Au milieu du xviiie siècle, on distillait pour donner le résidu aux porcs, qui étaient conduits ensuite à la foire de Leipzig. Frédéric le Grand emprunta en 1766 le système de la régie française : contrôle à la distillerie, acquit des droits au moment du passage à la consommation, octrois. Frédéric-Guillaume II revint en 1787 à l'accise, et le règlement resta en vigueur jusqu'en 1810. Avec le XIXᵉ siècle, un changement s'opère. La consommation augmente. L'industrie agricole se développe et commence à faire concurrence aux villes. Une réforme s'imposait, et elle eut lieu dans un sens libéral : on abolit divers privilèges, on racheta les droits dans les villes ; toutefois, dans les campagnes, on réserva aux propriétés d'une certaine valeur la faculté de distiller. La liberté complète ne date que de 1845.

L'histoire moderne de l'impôt commence en Prusse en 1810. Jusque-là il n'y avait pas eu de législation uniforme. L'édit du 28 octobre 1810 introduisit une taxe des alambics, contrôlée par un impôt sur la matière à distiller. On avait taxé la matière première à raison de 3 gros par scheffel de froment, 2 gros pour du seigle ou de l'orge, et la taxe était à raison de 4 gros 2 pf. par alambic de 23 litres. Pour les pommes de terre, peu employées encore, on payait seulement 5 gros (62 1/2 centimes) par 23 litres. On avait fait des calculs établissant le rendement de l'alambic par vingt-quatre heures : le contrôle était assez compliqué. Des plaintes très vives amenèrent des modifications dès 1811. L'impôt sur les alambics fut supprimé dans les campagnes, puis rétabli en 1819. Une ordonnance de la même année organisa le fonctionnement de la surveillance et du contrôle sur des bases qui existent encore aujourd'hui. La législation de 1819 a exercé une influence visible sur les distilleries. Celles-ci avaient pris un développement énorme, grâce à un ensemble de circonstances anormales. Après les guerres de 1813, on traversa une période de bon marché extraordinaire pour tous les produits du sol ; les routes étaient dans un état déplorable, les débouchés manquaient, faute de communications et de moyens de transport : les céréales se vendaient à un prix inférieur aux dépenses de production. L'eau-de-vie avait encore un prix élevé, la distillation des grains (celle des pommes de terre était dans les premiers stages du développement) fut con

2

sidérée comme l'emploi le plus rémunérateur des céréales dans les campagnes et dans les petites villes rurales. Il en résulta l'établissement d'un grand nombre de distilleries : en Prusse, 19,203 en 1812, 24,092 en 1816, 35,364 en 1820. Les progrès de la fabrication marchèrent de pair et rendirent la tâche du fisc de plus en plus lourde. Il devenait chaque jour moins aisé d'évaluer le rendement présumé des appareils ; les petites distilleries se plaignaient de payer plus que leurs concurrents plus importants, les visites des agents du fisc étaient incessantes.

Pour mettre fin à ces réclamations, le gouvernement adopta un autre système. Le règlement du 1er décembre 1820 substitua, pour la distillation des grains et des autres matières farineuses, l'impôt sur les cuves à moût à la taxe sur les alambics. C'était en s'inspirant des procédés de l'administration française, qui établissait la mesure des cuves à moût comme moyen de contrôle, que le gouvernement prussien organisa le nouveau régime. La taxe fut fixée à 1 gros par cuve de 20 *quarts* (22,9 litres) et pour chaque préparation du moût. C'était une réduction dans le montant de l'impôt antérieur. Pour les substances non farineuses, la législation ne fut pas modifiée. Les prescriptions du règlement de 1820, relatives à l'exploitation, sont en grande partie encore en vigueur (1).

Le règlement de 1820 reçut force de loi en 1822. On ne tarda pas à s'apercevoir que la fabrication avait reçu de nombreux perfectionnements et que le rendement présumé par le gouvernement était dépassé. On avait calculé que

---

(1) Celui qui veut mettre une distillerie en activité est tenu de fournir à l'administration trois jours avant la mise en exploitation, le plan de l'exploitation et de s'y conformer. Pour chaque jour destiné à la préparation du moût, il ne peut être déclaré moins de 687 litres de volume de moût. L'emploi de cuves d'une capacité de moins de 343 1/2 litres est interdit. Les cuves doivent être utilisées dans l'ordre de la déclaration. La distillation n'est pas permise de 7 heures du soir à 5 heures du matin.

pour distiller il faudrait ajouter huit fois le poids d'eau du
moût ; quelques distilleries arrivèrent à travailler avec un
poids d'eau de cinq à six fois seulement. Elles eurent une
portion de rendement ne payant pas la taxe. En même
temps les petites distilleries agricoles tirent de nouveau en-
tendre leurs plaintes. En 1824, une modification eut lieu dans
le tarif : il fut élevé de 1/5, et porté à 1 gros 6 pfennigs ;
pour les distilleries agricoles, ne travaillant que du 1er novembre au 1er mai sur des matières de leur production, la
taxe fut fixée 2 pfennigs plus bas : 1 gros 4 pfennigs. En
même temps, pour les distilleries n'employant pas de substances farineuses, au lieu de l'impôt sur les alambics, l'impôt fut perçu sur les substances à distiller, suivant les
quantités employées. Il varia de 4 à 8 gros par 68,7 litres
suivant les substances.

En 1833, lors de la formation de l'Union douanière, la
Prusse obtint de la Saxe que celle-ci adoptât le système
prussien. Il existait alors en Prusse 22,988 exploitations :
7,202 dans les villes, 15,786 dans les campagnes. L'impôt
produisit en 1820 fr. 14.617.200, en 1833 fr. 20.472.450.
Sur le nombre des distilleries, 8,654 employaient des pommes de terre.

La consommation vers cette époque était de 8 quarts
(1 quart = 1.145 litre) à 50 degrés par tête. Le rendement
avait été calculé par le fisc à raison de 5 0/0 d'alcool à 50
degrés, par cuve à moût. Dans certaines distilleries on
obtenait de bonnes pommes de terre 7 à 8 0/0; quelques
années plus tard, on tirait même 10 0/0. L'impôt restait
stationnaire, tandis que l'industrie progressait. Aussi, en
1838, nouvelle augmentation de taxe : 2 gros pour les distilleries ordinaires, 1 gros 8 pfennigs pour les distilleries
agricoles. La bonification à l'exportation fut fixée à 10
pfennigs par quart et l'on simplifia les formalités. En 1847
on abaissa la bonification à 9 pfennigs ; en 1851 à 8 pfennigs.
De 1839 à 1846, le trésor reçut en tout 192 millions, de
1847 à 1851 seulement 163 millions de francs. Les progrès
dans la production avaient eu pour effet immédiat de di-

minuer les recettes. En Saxe, durant la même période, l'alcool payait seulement 42 0/0 de l'impôt primitif. Dans l'intervalle, le système prussien de l'impôt avait été adopté par la plupart des États de l'Union douanière.

En 1856, un nouveau tarif entra en vigueur (loi de 1854-1855) : 3 gros par cuve pour les distilleries ordinaires, 2 gros 6 pfennigs pour les distilleries agricoles. C'est le taux encore en vigueur aujourd'hui. Il s'agit des distilleries qui emploient les substances farineuses. Pour l'exportation, la bonification fut de 10 pfennigs par 1.14 litre. A la même époque, on réglementa dans le même sens la distillation de la mélasse et des betteraves. En 1868, la loi prussienne fut étendue à tous les États de la Confédération du Nord; en 1873 elle fut introduite en Alsace-Lorraine. Les trois États du Sud, Bavière, Bade et Wurtemberg, ont gardé leur législation séparée, qu'ils auraient sacrifiée probablement aux subsides du monopole, si celui-ci avait été voté. Le territoire sur lequel la législation de l'alcool s'étend en ce moment est de 415,000 kilomètres carrés; la Prusse en représente 348,000.

Comme l'explique fort bien M. Stourm dans son article sur l'alcool dans le *Dictionnaire des finances*, les distilleries sont divisées en deux catégories suivant qu'elles distillent des substances farineuses ou d'autres matières. Pour les premières, l'impôt est assis sur la capacité des cuves de fermentation; pour les secondes, il frappe la quantité de substance employée. A l'égard des unes et des autres, l'impôt est censé réglé de manière à donner 33 fr. 91 par hectolitre d'alcool pur. Le droit réel destiné à représenter ces 33 fr. 91 par hectolitre d'alcool pur a été fixé à 1 fr. 638 par hectolitre de capacité des cuves de fermentation pour les distilleries qui travaillent des substances farineuses. En ce qui concerne les autres distilleries, une nomenclature détermine le droit afférent à chaque catégorie de substances employées. Une fois l'impôt assuré et payé à la distillation, l'alcool devient absolument libre, il circule sans formalité; ses transformations s'opèrent en dehors de tout contrôle. La dénaturation seule qui motive une détaxe s'effectue sous les yeux du service. Elle donne lieu à la même restitution de droits : 8 *M*. 058 pf. (10 francs environ) par hectolitre d'alcool à 50 degrés, dont jouit l'exportation. Nous croyons inutile de reproduire les prescriptions fiscales concernant l'exploitation, le contrôle, les pénalités.

Quel a été le produit de l'impôt pour le territoire commun, soumis à la même législation depuis 1856? Il a donné 24 millions de francs en 1856, 37 1/2 millions en 1866, — 53 2/3 en 1872, 65 1/2 en 1875 — maximum jamais obtenu — 58 1/2 en 1881, 57 1/3 en 1882/83, 61 millions en 1883/84 (1 *M*. 45 par tête en 1875, 1 *M*. 35 en 1884). L'année dernière, l'impôt a donné brut 62 1/2 millions de *M*. auxquels il faut ajouter 4,824,000 *M*. droits de douane, soit un produit total de 67,392,C00 *M*. Il a été bonifié à l'exportation 14,310,000 *M*. Il reste net 53,082,000 *M*. (soit 1 *M*. 45 pf. par tête), soit environ 66,300,000 francs. Si l'on compare ce résultat avec ce que d'autres pays retirent de l'alcool, on sera surpris de voir l'Allemagne exploiter aussi modestement une source de grand revenu :

Pays	Population	Recette	Par tête
France.....	37.500.000	237.5 mill. de fr.	6.33
Angleterre..	36.000.000	375.0 —	10.25
Russie......	101.500.000	610.0 (1) —	6.00
États-Unis..	50.000.000	372.5 —	7.50
Belgique.....	5.500.000	27.0 — •	4.90
Pays-Bas....	4.500.000	44.1 —	10.30
Suède.	4.500.000	27.3 —	6.00

Nous verrons tout à l'heure les raisons qui ont empêché jusqu'ici toute surtaxe de l'alcool : ce sont des considérations d'un ordre particulier, la protection de l'agriculture exigée par les grands propriétaires fonciers dans les pro-

______

(1) 244 millions de roubles à 2 fr. 50.

vinces orientales de la monarchie prussienne, qui ont prévalu depuis 1856.

Voici d'abord la comparaison des distilleries existant en Prusse :

Années.	Distilleries.	Urbaines.	Rurales.	Distilleries de pommes de terre.
1831	13.806	4.407	9.399	8.654
1851	7.948	1.550	6.398	4.509
1861	6.255	1.160	5.095	3.326

On sera frappé de la diminution constante des chiffres ; d'autre part, les distilleries se concentrent de plus en plus à la campagne, abandonnant les villes parce que les conditions de production sont plus avantageuses à la campagne, pour la main-d'œuvre comme pour les matières premières. Ce sont les distilleries de pommes de terre qui ont le mieux résisté. Si nous considérons le mouvement des brûleries dans les sept provinces prussiennes de l'Est depuis 1845, nous trouvons par le tableau ci-dessous que leur nombre a diminué, mais que ce sont les petites et les moyennes qui ont disparu, cédant la place à des établissements de plus en plus considérables, à en juger par le montant de l'impôt.

	Brûleries payant annuellement					Recette fiscale brute.	Impôt payé par les brûleries agricoles.
Années.	moins de 450 marks.	de 450 à 4.500 marks.	de 4.500 à 15,000 M.	plus de 15,000 M.	Nombre total des brûleries.	Millions de marks	Marks.
1845....	591	2.485	1.887	115	4.778	13.5	593.217
1854....	389	1.173	2.036	123	3.721	15.1	465.558
1864....	112	615	2.160	529	3.416	28.9	970.989
1874....	69	402	1.815	1.011	3.297	39.3	593.775
1883-84.	50	393	1.699	1.209	3.351	44.8	386.331

M. Richter, dans son discours sur le monopole, a fourni d'intéressants détails sur les propriétaires de ces distilleries agricoles ; en Silésie 98 appartiennent à des membres de l'aristocratie ; dans le district d'Oels-Wartembourg, sur 37, le roi de Saxe en possède 8 et le prince impérial d'Allemagne, 2.

Le mode de taxation adopté jusqu'ici constituait un privilège en faveur de l'aristocratie, au dépens des autres parties de l'Allemagne. Sur les 3,484.675 hectolitres produits en 1880, *quatre-vingt-cinq pour cent* provenaient du territoire à l'est de l'Elbe (1).

Nous allons montrer comment la législation est devenue exclusivement favorable aux grands propriétaires, nous indiquerons les réformes qui ont été proposées autres que le monopole.

L'impôt sur l'alcool ne produit en Allemagne que 1 fr. 75 par tête. La consommation annuelle par tête est d'environ 9 litres 1/4. L'eau-de-vie est bon marché ; l'alcoolisme fait de grands ravages. On connaît l'influence malheureuse que la législation allemande a exercée sur l'Alsace. Depuis l'annexion, le nombre des cabarets a augmenté de 50 0/0 : la consommation de l'eau-de-vie et celle du vin étaient avant 1870 dans le rapport de 7 pour le vin, de 1 pour l'eau-de-vie ; elle est aujourd'hui de 1 1/2 à 1. Il est probable qu'un renchérissement de l'eau-de-vie par suite d'une augmentation d'impôt amènerait une certaine diminution dans la consommation. Le renchérissement serait-il capable d'empêcher les ivrognes de profession de se griser ? J'en doute. Ce sont les gens relativement sobres qui réduiraient leur consommation ; les ivrognes rogneraient leurs dépenses d'un autre côté pour pouvoir satisfaire leur passion comme par le passé. Les cabaretiers augmenteraient la proportion d'eau dans les boissons.

---

(1) La situation est compliquée parce que l'impôt ne correspond plus aux calculs que l'État a faits à l'origine. La loi de 1868 repose sur l'hypothèse suivante : l'impôt est censé réglé de manière à donner 26 *M.* 20 par hectolitre à 50 0/0. Les grandes distilleries obtiennent jusqu'à 80 0/0, même 97 0/0 — elles paient en réalité 15 *M.* 26, tandis que les plus petites paient 16 *M.* 03. Il y a là une inégalité de traitement.

Nous avons exposé plus haut la législation actuellement en vigueur et nous avons dit qu'elle était favorable aux grands propriétaires fonciers de la Prusse, qui produisent les 85 0/0 de l'alcool, alcool extrait des pommes de terre. Ils ont réussi jusqu'ici à empêcher toute modification dans l'assiette de l'impôt, toute surélévation, et le monopole de l'eau-de-vie avait été imaginé en leur faveur. C'est un de leurs représentants au Parlement allemand qui l'a réclamé dans la séance du 27 janvier 1885, alors qu'on discutait diverses pétitions en faveur d'une augmentation des droits sur l'alcool ou en faveur d'une réforme de l'impôt. Grâce à la législation prussienne, les grands brûleurs d'eau-de-vie paient moins au fisc que celui-ci n'aurait le droit d'attendre, si la fabrication n'avait pas fait de progrès. La perception de l'impôt d'après la capacité des cuves a eu pour effet de stimuler l'emploi de procédés techniques perfectionnés ; on est parvenu à extraire d'une cuve taxée à raison de 50 0/0 jusqu'à 85 et 97 0/0. On comprend les résistances obstinées des distillateurs à toute tentative de changer le régime fiscal et d'imposer l'alcool produit effectivement, au lieu de taxer la contenance des cuves. La législation prussienne a eu pour conséquence de développer dans des proportions immenses la distillerie agricole des pommes de terre. Sous ses auspices, la production n'a fait que croître, elle a dépassé bientôt les besoins d'une consommation indigène bien considérable. Elle a cherché des débouchés au dehors, et c'est l'Allemagne qui exporte le plus d'alcool.

Dans la campagne de 1883-1884, il a été produit 3,740,000 hectolitres d'alcool, dont il a été exporté 790,000 hectolitres ; l'industrie en a absorbé 160,000 et il est resté pour la consommation indigène 2,790,000 hectolitres. En 1872 la production n'était que de 2,050,000 hectolitres, et l'exportation de 268,174 hectolitres.

La distillerie est d'un très grand secours pour l'agriculture. Elle permet de nourrir du bétail d'une manière économique avec les résidus de la fabrication ; ce bétail est non seulement une source de revenu pour le propriétaire qui vend la viande sur pied, mais encore l'engrais, le fumier améliore la terre. La distillerie est d'une valeur inappréciable dans des contrées dont le sol est pauvre, où la pomme de terre est assurée de réussir. Il n'est pas facile de transporter à de grandes distances les pommes de terre, qui se conservent assez mal. Si on les transforme en alcool, on obtient un article aisé à transporter, d'une vente facile, et l'on a la pulpe, le résidu, pour nourrir le bétail. En outre, une exploitation agricole qui possède une distillerie donne du travail en hiver à ses ouvriers : elle peut maintenir tout son personnel durant l'année sans être exposée à des périodes de chômage. Ce sont là des considérations qui ont une réelle valeur et dont on est bien forcé de tenir compte dans une certaine mesure. Il est permis de se demander toutefois s'il faut sacrifier les intérêts du reste de la nation à ceux d'une classe qui est représentée par les grands propriétaires des provinces orientales de la Prusse. C'est cependant ce qu'aurait fait le monopole s'il avait été adopté. Trois cent mille débitants de boissons, tous les rectificateurs d'alcool, tous les commissionnaires, courtiers, directeurs de fabriques de liqueurs auraient été expropriés et auraient reçu une maigre indemnité, tandis qu'on aurait créé un privilège d'un nouveau genre pour les distilleries agricoles existantes, qu'on aurait consolidées, auxquelles on aurait garanti un prix minimum stable. Les petits bouilleurs de cru de l'Alsace, des provinces rhénanes, de l'Allemagne du Sud auraient fini par disparaître : c'est en tout cas ce qu'ils redoutaient.

Comme on le voit, la question de l'impôt sur l'eau-de-vie en Allemagne est une question agricole d'un genre spécial. Il y a là de grands producteurs qui demandent à être protégés par l'État aux dépens de la masse des consommateurs, tout comme les producteurs de blé, de seigle, de bois. Par suite de l'énorme prépondérance des distilleries de pommes de terre, le problème est tout autre qu'en France, où, d'après M. Alglave, il n'aurait été produit en 1884 que 98 hectolitres d'eau-de-vie de pommes de terre sur une production industrielle de 1,872,534 hectolitres.

Le mode actuel de percevoir l'impôt est d'ailleurs soumis à bien des critiques. On lui reproche de pousser le contribuable à trop entasser la matière dans les appareils; la distillation effectuée dans ces conditions est souvent imparfaite et des millions sont gaspillés tous les ans. Il est ensuite bien difficile de calculer exactement le taux des restitutions d'impôt qu'il faut accorder à l'exportation. Enfin, les grandes distilleries mieux outillées sont avantagées au détriment des petites qui tendent de plus en plus à disparaître. La différence dans la quantité d'alcool extraite varie de 3 à 11 1/2 0/0. On lui reproche enfin d'exiger un contrôle sévère et compliqué, d'entraîner des frais de perception élevés, en Prusse 25 0/0 et davantage.

Mais, disent les intéressés, si on abandonnait cette forme pour appliquer une taxe sur le produit au moment où il est fabriqué, l'industrie aurait avantage à ne traiter que des matières plus riches en principes alcooliques que la pomme de terre, et les provinces prussiennes de l'Est, dont le sol sablonneux se prête surtout à la culture de la pomme de terre, seraient ruinées. On finirait par arriver à une constitution industrielle semblable à celle de l'Angleterre, où il n'existait en 1883 que 13 distilleries payant en moyenne 10 millions de francs.

Avec cela les distillateurs de pommes de terre disent que la baisse du prix de l'alcool les ruine déjà. Le prix par hectolitre à 100 0/0 était de 51 M. 29 pf. en 1873, de 54.92 en 1880, de 59.37 en 1881; en 1885, il est tombé à 45 M. La moyenne des huit dernières années a été de 51 M. 39 pf. Ils ont réclamé, en dehors du monopole, d'autres mesures en leur faveur, un dégrèvement, une prime plus forte à l'exportation. Ils ont fait valoir que si les débitants et les consommateurs étaient dignes d'intérêt, eux-mêmes et la population agricole des provinces

orientales avaient droit à une certaine sollicitude de la part
de l'État.

On peut dire en faveur de l'impôt allemand *(Maischraum-
steuer)* que c'est un stimulant dans une contrée où la
distillerie est peu développée techniquement, qu'il pousse à
améliorer les procédés pour forcer le rendement. Il n'est
pas facile non plus de remplacer par une taxe nouvelle un
impôt ancien, entré dans les mœurs et auquel on est habitué. Cet argument, tiré de la routine humaine, a un grand
prix à nos yeux. Pour l'Allemagne, il vaut mieux distiller
des pommes de terre que d'autres produits ayant une plus
grande valeur, bien que l'alcool extrait soit le pire de tous
et celui qui exige le plus de purification.

Grâce à l'industrie auxiliaire de la distillation, la valeur
de certains domaines a augmenté, entre 1820 et 1860, de
4 à 5 fois, et jusqu'à 8 fois.

Le gouvernement a toujours témoigné une extrême ten-
dresse pour les distillateurs agricoles. Le discours du trône
en 1885, à l'ouverture du Parlement, déplorait la baisse
de prix de l'alcool, qui rendait l'exploitation des distilleries
non plus rémunératrice, mais dispendieuse, et il recom-
mandait d'étudier les causes de la crise, de rechercher les
remèdes. Il s'agissait bien peu d'augmenter l'impôt. La
résistance obstinée et victorieuse de la grande culture dans
les provinces orientales l'a emporté, et l'on s'est immobilisé
dans une politique fiscale en contradiction avec l'équité,
avec une bonne gestion des finances publiques.

Ce ne sont pas les propositions de réforme qui ont fait
défaut. Les libéraux allemands, avant 1879, conseillaient
de frapper davantage l'alcool, afin de procurer à l'Empire
les ressources nécessaires à ses dépenses croissantes.
Aujourd'hui que l'Empire a un revenu considérable des
douanes, M. Richter et ses amis ne recommandent pas
de frapper l'eau-de-vie, trouvant qu'on a suffisamment
accordé de nouveaux impôts et qu'il serait dangereux de
mettre des sommes trop considérables à la disposition de
M. de Bismarck : ce serait l'encourager à persévérer dans

sa politique socialiste. Les nationaux-libéraux se sont char-
gés de cette mission, et ils ont réclamé une surélévation
de droits sur l'alcool. Les partisans de la tempérance,
l'association pour combattre les progrès de l'alcoolisme en
Allemagne ont proposé de substituer l'impôt sur l'alcool
fabriqué à l'impôt sur la cuve; ils ont fait ressortir les
avantages théoriques de cet impôt, qui fonctionne en Russie, en Autriche et en Suède, qui permet de contrôler
exactement les quantités produites à l'aide du compteur
Siemens, qui supprime une surveillance tracassière, qui
ne rend plus nécessaire une fermentation hâtive et incom-
plète, qui épuise l'alcool contenu dans la matière, qui rend
possible une restitution exacte des droits lors de l'exportation,
et qui enfin donne le moyen d'élever l'impôt. Sous le régime
du *Fabrikatsteuer*, l'industrie s'est développée et a grandi
en Russie et en Autriche; ces deux empires sont devenus
des concurrents de l'Allemagne au dehors. Le litre d'alcool
pur à 100° vaut actuellement 44 pf. environ; l'impôt entre
dans ce prix pour 16 pf. On pourrait facilement, en modifiant le mode de perception. porter l'impôt à 50 pf.

On a proposé également de laisser subsister l'impôt
actuel, mais d'introduire à côté une taxe de consommation qui serait perçue au moment où l'alcool entre-
rait en circulation, au moment où il sortirait de la distillerie ou du magasin public dans lequel il aurait été déposé.
Jusqu'ici la taxe sur la capacité de la cuve existe seule en
Allemagne; il y aurait parfaitement place pour un droit
de circulation qui donnerait probablement à l'État plus
qu'il n'aurait tiré du monopole. La consommation de
9 litres par tête donne pour 36 millions d'habitants 3 millions 240,000 litres. Si on les impose de 25 francs par
hectolitre pour taxe de consommation, on obtient 90 millions de francs. Pour avoir 300 millions de francs, il
suffirait de porter le droit à 88 fr. 50 par hectolitre ou à
88 1/2 centimes le litre. Cela augmenterait le prix du
litre tel qu'il est consommé (alcool à 33 1/2 0/0) de
28 3/4 centimes. Avec une taxe de 25 francs par hectolitre,

la consommation ne fléchirait pas sensiblement, puisqu'elle n'augmenterait le prix du litre d'eau-de-vie que de 8 à 9 centimes. L'impôt sur la consommation est vivement combattu par les distillateurs agricoles, qui réclament l'élévation de la bonification à l'exportation de 16 à 20 *M.* Ils voudraient que l'on revint à la charge avec un projet de monopole, cette fois avec le monopole de l'alcool brut; on laisserait l'industrie de la rectification et le commerce d'exportation libres. L'État achèterait aux distillateurs leur production et la revendrait avec un certain bénéfice pour lui, en garantissant un prix convenable aux grands propriétaires fonciers (1). A la rentrée du Parlement allemand, il sera présenté un projet de loi modifiant le régime actuel dans le sens d'un impôt de circulation.

On nous permettra de terminer cette étude par une citation empruntée à Mirabeau *(la Monarchie prussienne)* : « On ne saurait trop le répéter, l'État n'est et ne peut » être qu'un fabricant et un marchand très maladroit. Ses » frais dans la production ou la fabrication de quoi que » ce soit ne sont jamais ceux que la nature des choses » exige. »

P. S. — Le projet de loi nouveau concernant l'alcool vient d'être soumis au Conseil fédéral. Il établit une taxe de consommation qui, au bout de deux ans, sera de 1 mark 20 pf. par litre d'alcool (soit 1 fr. 50 c.) et devra être payée par tous les fabricants de l'Allemagne du Nord. A cette taxe se joindra un impôt sur les cuves qui pourra s'élever de 1 mark à 1 mark 90 pf. par litre. Le produit de ces impôts est évalué à 200 millions de marks pour la troisième année.

---

(1) Du 1er avril 1885 au 28 février 1886, l'impôt sur l'alcool a produit 32,547,000 *M.*, soit une moins-value de 2 1/2 millions.

III

Le monopole des alcools en Allemagne.
Raisons mises en avant pour le justifier.
Agitation hostile au monopole.

Les défenseurs de la politique fiscale du prince de Bismarck, les admirateurs de ses projets d'amélioration sociale, ont prôné jadis le monopole du tabac pour les mêmes motifs qu'on a mis en avant en faveur du monopole de l'eau-de-vie. La création d'impôts indirects très productifs, dont l'empire gratifierait proportionnellement à leur population les États particuliers, aurait pour conséquence de resserrer davantage les liens de l'unité allemande, de renforcer le pouvoir central. Les États deviendraient plus dépendants de l'empire en matière financière, de même que les communes seraient subordonnées davantage à l'État dont elles font partie. Non seulement l'unité politique serait plus intime si les États recevaient des subsides de l'empire, mais encore un système d'impôts indirects de l'empire développerait l'unité économique. Des impôts directs ne créent pas un réseau de relations et d'habitudes qui ne pourraient pas être rompues à chaque instant, tandis qu'un monopole unique pour toute l'étendue du territoire forme une construction dont toutes les parties se tiennent; c'est une organisation dont il n'est plus possible pour ainsi dire de se défaire. A défaut du cigare de l'empire, la bouteille de liqueur ornée de la banderole de la régie impériale sera le symbole de l'unité allemande. M. de Bismarck a toujours suivi avec une rare ténacité une politique qui s'adressait aux intérêts matériels d'une partie de la nation. Il a voulu s'attacher les agriculteurs et les industriels par la protection douanière; il a pensé gagner les ouvriers par sa réforme sociale, par l'assurance obligatoire contre la maladie et contre les accidents, en même temps qu'il augmentait l'autorité des patrons. Le monopole du tabac devait fournir les ressources nécessaires à des mesures en faveur des classes laborieuses. Le monopole de l'eau-de-vie donnera à l'État des recettes énormes, qui rendront possible la réforme des finances locales et l'organisation de l'assurance contre la vieillesse. L'industrie des distillateurs, si profondément atteinte par la crise, sera sauvée, en même temps qu'on pourra lutter efficacement contre l'ivrognerie. C'est le triple résultat que prédit le professeur Delbrück.

Les États de l'Allemagne du Sud, qui ont sauvegardé leurs droits particuliers en matière d'impôts sur les boissons lors de la formation de l'empire, sont invités à en faire l'abandon par l'appât d'un revenu considérable. Le produit net du monopole revient aux États de l'empire sur la base de leur population immatriculée avec laquelle ils font partie du territoire du monopole. Il y a par suite de la disposition de l'article 86 un bénéfice considérable pour les États de l'Allemagne du Sud, parce que la consommation de l'eau-de-vie est bien moindre chez eux que dans le nord de l'Allemagne. Par 100 millions de revenu net du monopole, la Bavière recevra 12 millions, le Wurtemberg 4 1/2, le duché de Bade 3 1/2. Sur la base de la consommation, la Bavière ne devrait toucher que 5 millions, le Wurtemberg 2, Bade 1 million 1/2 de marks, ce qui constituerait pour ces trois États un bénéfice de 7 millions, 2 millions 1 2 et 2 millions respectivement. Les adversaires du monopole affirment que le bénéfice ne sera qu'apparent et passager, l'administration du monopole étant trop intéressée à développer la consommation de l'Allemagne du Sud et à augmenter le rendement par tous les moyens possibles.

Une agitation énergique a été commencée par les intérêts que menace le projet de loi. Des associations se sont fondées pour répandre des brochures, recueillir des signatures au bas des pétitions adressées au Parlement. L'une de ces associations a son siège à Breslau. La ville de Nordhausen, qui est le centre d'une industrie florissante — le schnaps de Nordhausen est célèbre — proteste contre une mesure qui amènera la ruine et la décadence dans ses murs. Elle importe annuellement 20 millions de litres d'alcool et expédie 50 millions d'eau-de-vie; elle compte 96 fabricants d'eau-de-vie sans compter les commissionnaires, et tous craignent de perdre leur source de revenu, si l'État triomphe avec sa proposition de monopole.

J'ai sous les yeux une brochure de quelques pages où l'on démontre aux agriculteurs allemands que le monopole ne sera pas pour eux le bienfait attendu. Le but principal, leur dit-on, c'est d'augmenter d'une manière colossale les recettes de l'empire. Quant à l'agriculture, elle s'apercevra à la longue qu'un conflit entre son intérêt et celui du fisc ne pourra être évité, et elle sera certainement sacrifiée. Il n'est nullement certain qu'en toute circonstance l'État vienne toujours et partout au secours des distillateurs. Le plan est gigantesque, mais il ne met pas le propriétaire du monopole, l'empire, à l'abri des chances de perte et des revers de fortune auxquels est exposé quiconque fait le commerce. Il y a deux grandes difficultés, c'est la vente à l'étranger et le prix fixe, invariable, qui forment les points capitaux du projet. Le fisc pourrait être obligé de vendre à perte au dehors; il se transformerait en une sorte de spéculateur, qui devra chercher à écouler le mieux possible des quantités indéterminées de produits. Pour y obvier on limitera la production, on fera de la distillation une industrie fermée; mais cela n'enlèvera pas le caractère aléatoire aux opérations du monopole.

Le prix de vente fixé dans le projet de loi est deux à

trois fois plus élevé que le prix actuel ; il faut s'attendre
à une diminution dans la consommation. Au point de vue
de l'alcoolisme, ce serait un bien, mais le projet a surtout
un but fiscal. La consommation de la bière augmentera
peut-être ; verrons-nous alors le monopole de la bière?
Quelles conséquences aura la diminution d'un tiers de la
consommation indigène? Il faudra forcer l'exportation.
D'après le projet de loi, les distilleries existantes au 1er octobre 1885 pourront à l'avenir produire une quantité
égale à leur production annuelle moyenne. En 1883-84, il
a été produit 374 millions de litres à 100 0/0, dont 79 millions ont été exportés, 16 consommés par l'industrie; 279
sont restés pour la consommation indigène. On peut donc
admettre une exportation de 80 millions et une consommation à l'intérieur de 280 millions; si celle-ci diminue d'un
tiers, l'État devra exporter 173 millions au lieu de 80 millions. L'Autriche exporte le dixième de sa production, soit
20 millions ; la Russie le douzième, 23 millions de litres.
L'Allemagne exporte deux fois autant que ces deux pays.
Que fera-t-elle avec le surplus disponible, si la consommation baisse? Elle essayera de déloger la Russie et l'Autriche des marchés étrangers. Cela ne lui sera pas très
facile; les deux concurrents lutteront et auront recours à
des représailles, à des primes d'exportation. La Russie
perçoit par 100 litres à 100 0/0, 180 fr. de droit, elle pourra
facilement accorder 25 à 37 francs de drawback. A l'Allemagne une politique analogue coûterait une somme de 40
à 60 millions de francs, le quart ou le tiers de l'excédent
des recettes. Et même si l'Allemagne accaparait le marché
— celui-ci ne reçoit de l'Europe orientale que 123 millions
d'alcool, — que fera-t-on de la différence de 50 millions?
Il en résultera une déroute sur le marché, le Conseil fédéral
ne pourra plus payer aux distillateurs que le prix minimum
de 30 marks, alors que le prix moyen obtenu de 1875 à
1885 a été de 50 marks (de 1859 à 1883, 55 marks). Les
agriculteurs auraient donc tort de croire qu'ils sont garantis
de toute perte par le monopole de l'eau-de-vie. Dans le

cas d'une diminution de consommation, on peut prévoir l'éventualité d'une limitation de la production, même sous le régime du monopole.

Pour la France, qui exporte du cognac et des liqueurs en Allemagne, les droits nouveaux (25 francs par kilogr. enveloppe comprise, la quantité limitée à vingt-cinq kilogr. par an pour l'usage personnel) seraient prohibitifs. Il y aurait aussi l'inconvénient de la concurrence de la régie allemande au dehors dont les producteurs français auraient peut-être à se plaindre.

IV

Le projet de loi instituant le monopole
des alcools (1).

Le gouvernement prussien a soumis le 8 janvier au Conseil
fédéral un projet de loi instituant le monopole de l'eau-de-vie
dans l'Empire d'Allemagne. On trouvera plus loin les parties
principales de ce document. L'exposé des motifs insiste sur les
résultats favorables que la réforme proposée pourrait avoir pour
la santé et la morale publiques; il évalue, d'autre part, à
300 millions de marks la recette annuelle que le monopole de
l'alcool procurerait au Trésor.

Le produit actuel des droits sur les spiritueux est infiniment
moins considérable. On en jugera par le tableau suivant qui fait
connaître le montant des droits payés par les alcools à l'Empire
depuis 1872. La Bavière, le Wurtemberg et Bade percevant
pour leur propre compte la taxe sur l'eau-de-vie, les recettes de
ces trois États ne sont pas comprises dans les totaux ci-après :

Années	Taxes intérieures.	Taxes intérieures et droits d'entrée.	Restitutions (alcools exportés ou employés par l'industrie).	Recettes nettes.	Quote-part d'impôt par tête.
	marks.	marks.	marks.	marks.	m. pf.
1872......	45.095.253	46.354.746	4.373.190	41.981.556	1 35
1873......	49.752.861	51.261.558	8.472.645	42.788.913	1 33
1874......	54.521.757	56.359.710	8.382.375	47.977.365	1 44
1875......	56.873.090	58.922.841	6.447.976	52.474.865	1 56
1876......	53.408.369	55.472.217	6.402.330	49.069.887	1 45
1877-78...	52.529.863	54.264.789	9.061.795	45.202.994	1 31
1878-79...	54.616.727	56.373.466	8.963.476	47.409.990	1 36
1879-80...	53.398.827	55.620.188	9.872.503	45.747.685	1 30
1880-81...	57.271.757	59.176.568	12.077.810	47.098.758	1 32
1881-82...	64.602.689	66.043.657	17.533.550	48.510.107	1 35
1882-83 ..	58.824.959	60.921.644	14.955.223	45.966.448	1 27
1883-84...	61.176.847	63.395.383	14.484.011	48.911.372	1 35
1884-85...	12.435.168	67.382.151	14.310.027	53.082.124	1 45

1) L'analyse du document est extraite du *Bulletin de Statistique et de législation* du Ministère des Finances.

Le produit de l'impôt sur l'alcool en Bavière, en Wurtemberg et dans le Grand-Duché de Bade a été respectivement de 2,440,694 marks (1884), de 607.916 marks (1884-85) et de 645,936 marks (1883-84).

Sur 40,888 brûleries qui existaient pendant l'année 1884-85 en Allemagne (Bavière, Wurtemberg et Bade non compris), 30,409 avaient été en activité. Les brûleries qui avaient travaillé en Bavière et en Wurtemberg étaient respectivement au nombre de 5,979 en 1884 et 2,574 en 1884-85. La statistique badoise ne fait ressortir que le nombre des appareils.

Voici la désignation par sorte et quantité des matières qui ont été distillées en 1884-85 dans le territoire soumis aux taxes impériales sur l'alcool :

Pommes de terres : 2,487,466 hectolitres et 24,631,474 quintaux métriques; céréales, farines, amidons : 343,360 hectolitres et 3,406,403 quintaux métriques: mélasses : 69 hectolitres et 731.170 quintaux métriques; betteraves : 5,508 hectolitres et 18,721 quintaux métriques ; déchets de la brasserie : 86,043 hectolitres et 509 quintaux métriques, fruits à pépins : 91,456 hectolitres, fruits à noyaux : 97,852 hectolitres; raisin, lies et marcs : 402,762 hectolitres ; matières diverses : 3,835 hectolitres et 96 quintaux métriques.

Voici maintenant l'analyse du projet de loi concernant le monopole :

ARTICLE PREMIER. — L'industrie privée reste chargée de la production de l'alcool brut en se conformant aux prescriptions édictées par la présente loi.

2. — L'Empire emmagasinera la totalité des alcools bruts indigènes et étrangers; il les épurera, les travaillera pour être employés en boissons alcooliques (1), et, sauf

---

(1) L'alcool extrait des céréales, des pommes de terre, lentilles, pois et autres matières amylacées passe actuellement en Allemagne par les mains de quatre industriels avant d'être livré au

dans les cas prévus par la présente loi, il les vendra directement ou les fera vendre pour le compte de l'Administration du monopole.

3. — Le Chancelier de l'Empire dirigera cette régie don l'empereur, d'accord avec le Conseil fédéral, nommera les administrateurs *(Vorstand)*.

Les États particuliers désigneront des agents pour la vente en gros de l'alcool, et des débitants pour la vente en détail. Ces agents et débitants seront placés sous la surveillance du Monople ainsi que de la Douane et des Contributions indirectes.

4. — Toutes les brûleries existantes au 1er octobre 1885 pourront produire annuellement, à l'avenir, la quantité d'eau-de-vie brute qu'elles ont fabriquée jusqu'ici. La production annuelle des brûleries ouvertes le 1er octobre 1885 sera en rapport avec la quantité déjà fabriquée.

Une commission nommée par l'État intéressé, d'accord avec le Monopole, et composée d'un fonctionnaire supérieur, qui présidera, de deux agents supérieurs du fisc et de trois brûleurs, fixera la quantité d'alcool que chaque établissement pourra produire annuellement.

L'État fixe la quantité que doivent produire annuellement les petites brûleries (art. 17), c'est-à-dire celles qui ne trempent pas plus de 6 hectolitres par jour, ne distillent qu'à feu nu, n'emploient que leurs propres déchets de la fabrication de la bière et qui ne traitent, en outre, par an, que 70 hectolitres au plus de matières non amylacées.

---

consommateur. Le brûleur *Brenner* fabrique l'alcool brut, c'est-à-dire doublé d'une huile empyreumatique nuisible pour la santé; le fabricant de spiritueux *Spiritfabrikant* dépouille l'alcool brut de cette huile; le distillateur *Destillateur* coupe les alcools épurés pour obtenir le mélange d'alcool et d'eau désigné sous le nom de *Schnaps*, puis il vend cette eau-de-vie aux débitants.

L'Empire, comme on vient de le voir, se chargerait de l'épuration et du mélange des alcools qu'il ferait vendre ensuite par ces agents.

5. — Il y aura lieu de se munir d'une autorisation pour ouvrir ensuite de nouveaux établissements.

Les brûleries peuvent être autorisées à augmenter leur production pendant une année.

6. — Les brûleries devront relier d'une manière fixe les appareils de distillation à une cuve collectrice et prendre toutes les dispositions réclamées par l'administration en vue d'empêcher l'écoulement clandestin des vapeurs alcooliques, moûts et alcools.

Les appareils de distillation, cuves collectrices et tuyaux d'assemblage doivent être pourvus d'une fermeture telle qu'un enlèvement clandestin de vapeurs alcooliques, moût ou alcool ne puisse avoir lieu sans qu'il en reste des traces. Les locaux dans lesquels se trouvent les cuves collectrices doivent être installés conformément aux indications de l'Administration et, en règle générale, être munis de serrures qu'on ne puisse ouvrir qu'avec le concours du fisc.

7 et 8. — L'Administration se réserve de contrôler la production, soit en prescrivant l'emploi, concurremment avec les cuves collectrices ou sans ces cuves, d'appareils permettant de mesurer la quantité et la force de l'alcool fabriqué, soit en exigeant la production d'une quantité minimum d'alcool, soit en plaçant les brûleries sous la surveillance permanente du fisc.

9. — L'Administration peut s'opposer à l'exploitation d'une brûlerie tant que les prescriptions édictées dans les articles 6 à 8 n'y ont pas été exécutées.

10. — Les frais d'achat des cuves collectrices et des serrures de sûreté seront supportés par le Monopole.

11 à 14. — Déclarations concernant les locaux, appareils, leur contenance; le jaugeage et l'estampillage des appareils par l'Administration; l'autorisation qui est nécessaire pour commencer à brûler.

15. — L'état d'exploitation doit indiquer la nature et la quantité des matières qu'on se propose de distiller.

Le fisc peut interdire l'emploi de matières produisant du mauvais alcool.

16. — Fixation des heures pendant lesquelles doivent avoir lieu la fabrication du moût et la distillation.

21. — Les propriétaires de brûleries sont tenus de livrer à l'Administration du Monopole tout l'alcool qu'ils ont produit.

Les brûleurs qui ne livrent pas la quantité minimum d'alcool fixée par l'administration sont passibles de poursuites et d'amendes.

Les petites brûleries (art. 4 et 17) peuvent être autorisées à conserver totalement ou partiellement leurs produits pour les consommer, à la condition d'en payer le prix à déterminer par le Conseil fédéral, suivant un tarif moins élevé que le prix de vente du Monopole. La cession de cet alcool à des tiers est interdite.

22. — Le Monopole, après avoir constaté la quantité, le degré et la qualité, prend en charge la totalité de l'alcool fabriqué, délivre récépissé de cette livraison au brûleur, le requiert pour l'enlèvement et le transport jusqu'à une station de chemin de fer ou un entrepôt public. Les parcours de plus de 15 kilomètres, ou de plus de 5 kilomètres lorsqu'il s'agit d'une petite brûlerie, donneront lieu au payement d'une indemnité de transport.

23. — Le tarif des prix à payer aux brûleurs pour l'alcool qu'ils fournissent sera établi par le Conseil fédéral.

Jusqu'à la publication de ce tarif, l'hectolitre d'alcool pur sera payé 30 marks au moins et 40 marks au plus : le prix des autres sortes d'alcool sera déterminé chaque fois en prenant pour base le taux fixé pour l'alcool de pommes de terre.

Le Conseil fédéral est autorisé à faire payer l'hectolitre d'alcool pur de pommes de terre livré par les brûleries qui ne trempent pas plus de 10 hectolitres 1/2 par jour, 2 marks en sus du prix fixé dans le tarif général.

Ce tarif fixera des prix moins élevés pour les alcools

qui, par suite de leur fabrication défectueuse, ne peuvent pas être employés comme boisson.

L'alcool extrait de matières prohibées (art. 15) ou que l'épuration ne pourrait assainir sera détruit par l'Administration, sans que le brûleur puisse réclamer aucune indemnité.

24. — L'Administration du Monopole transmet au brûleur, après emmagasinement, un récépissé du montant de l'alcool livré et des frais de transport.

Ce récépissé indiquera les erreurs qui, au moment de la prise en charge dans la brûlerie, ont pu se produire quant à la quantité, au degré et à la qualité de l'alcool. Le montant du récépissé peut être immédiatement recouvré par l'ayant droit à la caisse qui doit le payer. Les oppositions des tiers ne sont recevables que par la voie judiciaire.

25. — Le Monopole épure les alcools bruts, en fait des boissons alcooliques suivant les besoins de la consommation indigène et importe des alcools étrangers quand cela est nécessaire.

Dans ce but, le Monopole installera des entrepôts et des établissements où l'alcool sera épuré et soumis aux préparations subséquentes.

26. — Le Conseil fédéral fixera le tarif pour la vente de l'eau-de-vie ordinaire à boire ; le litre d'alcool pur devra être livré au prix minimum de 2 marks et maximum de 3 marks.

L'alcool destiné à des usages industriels, y compris la fabrication du vinaigre, au chauffage, à l'éclairage sera livré par le Monopole au prix coûtant à fixer par le Conseil fédéral.

27. — L'alcool de toute nature sera vendu pour le compte du Monopole par des agents et débitants révocables et envoyés dans une localité spécialement désignée. Ces intermédiaires tiendront toutes les sortes d'alcools réclamés par les besoins du lieu et provenant exclusivement du Monopole dont ils exécuteront les règlements, notamment

en ce qui concerne le prix de vente, les mesures et la livraison à l'acheteur dans l'enveloppe fournie par la Régie.

Le débitant ne peut vendre que dans le local déclaré aux autorités locales.

28. — Les hôteliers, restaurateurs, cafetiers, directeurs de casinos, etc., peuvent être autorisés à vendre de l'alcool, sans être obligés d'appliquer le tarif de vente imposé aux débitants. Ils ne doivent pas se procurer de l'alcool ailleurs que chez les agents et débitants nommés par le Monopole.

Le Monopole peut également autoriser des négociants à vendre, dans les conditions précitées, de l'eau-de-vie par bouteilles telles que la Régie les leur fournit, et de l'alcool désigné ci-dessus (art. 26, § 2).

29. — Les voyageurs peuvent introduire en franchise 500 grammes d'alcool, vases compris, et jusqu'à 5 kilogrammes d'alcool, vases compris, en payant un droit de douane de 10 marks par kilogramme.

30. — Les autres personnes, non compris les agents et débitants, peuvent importer, pour leur usage particulier, pendant une année, jusqu'à 25 kilogrammes d'alcool, vases compris, en payant un droit de douane de 20 marks par kilogramme.

31. — Les débitants et autres personnes autorisées à débiter l'alcool peuvent, à la demande des consommateurs, faire des mélanges composés de toute sorte d'alcools pour boisson et d'autres matières.

32 à 41. — Police et recherche de la fraude.

42 à 71. — Dispositions pénales.

72 — Les articles 1 à 4, § 1, et 5 à 71 entreront en vigueur à dater du 1er août 1888, en tenant compte des prescriptions ci-après :

1° Le Monopole des alcools peut être institué aussitôt après la promulgation de la présente loi ;

2° Les industriels qui travaillent les alcools pourron être autorisés à terminer la préparation des produits en cours de fabrication à la date du 1er août 1888.

Les paragraphes 2 et 3 de l'article 4 et les articles 72 à

86 de la présente loi seront applicables le jour de la promulgation de cette loi.

A dater du 1er août 1888 sont rapportées toutes les lois de l'Empire et des Etats affranchissant d'impôt l'alcool destiné à l'industrie, ainsi que les dispositions du tarif douanier concernant l'alcool.

73. — Le Chancelier est autorisé, aussitôt la présente oi promulguée, à faire acheter, importer et épurer de l'alcool, ainsi qu'à faire vendre des spiritueux de toute sorte pour le compte de l'Empire.

Des établissements pourront être créés, achetés ou pris en location à cet effet.

74 à 78. — Dispositions transitoires concernant la cession au Monopole de l'alcool fabriqué à la date du 1er août 1888, la fixation du prix par des commissions de district et la commission centrale en dernier ressort relativement au prix, et, en cas de désaccord, la faculté temporaire de faire exporter ces alcools.

79. — Les personnes dont la fortune réelle ou personnelle serait diminuée par suite de l'interdiction de faire le commerce des spiritueux, d'épurer de l'alcool, de le préparer pour la consommation, auront droit à des dommages-intérêts.

80. — Les industriels dont les bâtiments et outillages ne seront pas repris par le Monopole auront droit à une indemnité à régler d'après une déclaration accompagnée d'un état des lieux :

81. — Auront droit à une indemnité à raison d'un dommage personnel :

1. Les industriels qui épurent l'alcool ou en fabriquent des boissons, lorsque leurs établissements ne seront pas acquis par le Monopole;

2. Les marchands de spiritueux y compris les débitants;

3. Le personnel technique des industries classées sous le n° 1 (directeurs d'usines, inspecteurs, surveillants, etc.):

4. Les ouvriers professionnels âgés de vingt ans accomplis au moment de la promulgation de la présente loi.

5. Les employés ou agents professionnels pour le commerce des spiritueux, représentants, courtiers, voyageurs, etc.

Dans les cas prévus par les n⁰ˢ 1 et 2, l'industrie devra avoir été exercée depuis quatre années au moins à partir de la promulgation de la présente loi; ces conditions sont également exigées pour les professions visées dans les n⁰ˢ 3 à 5.

La moyenne du produit net du traitement ou salaire pendant la période comprise entre le 1er janvier 1880 et le 31 décembre 1885, déduction faite de l'année la plus forte et de la plus faible, sera prise pour base.

L'indemnité personnelle sera liquidée comme suit :

Durée de l'exercice de l'industrie ou de la profession.	Nombre des unités de moyennes annuelles allouées aux indemnitaires des classes	
—	N⁰ˢ 1, 3 et 4.	N⁰ˢ 2 et 5.
Années.	Unités de moyenne.	Unités de moyenne.
4 à 5............	2	1
5 à 6............	2 1/2	1 1/6
6 à 7............	3	1 2/6
7 à 8............	3 1/2	1 3/6
8 à 9............	4	1 4/6
9 à 10..........	4 1/2	1 5/6
10 et au delà.....	5	2

Les personnes visées dans les n⁰ˢ 3 et 5, ainsi que les débitants et marchands en détail d'alcool visés dans le n⁰ 2, n'auront droit à aucune indemnité s'ils refusent, sans motif valable, d'occuper dans le Monopole un emploi équivalent à leur situation antérieure. Si pendant cinq années, à compter de leur installation, ces personnes quittent le Monopole sans que ce soit par leur faute, il leur sera payé les 2/3 de l'indemnité qui leur aurait été primitivement allouée.

Des indemnités seront accordées pour les changements

de résidence motivés par l'acceptation de fonctions dans l'Administration du Monopole.

Les indemnités seront calculées séparément pour chacun des établissements appartenant à des personnes qui, en même temps que le commerce des spiritueux, épurent les alcools ou préparent les boissons alcooliques.

82. — Des secours pourront être accordés aux personnes qui, sans avoir droit à une indemnité, seraient lésées dans leurs intérêts par l'institution du Monopole.

83. — Procédure en cas de réclamation concernant les indemnités. La commission de district en première instance, la commission centrale en appel et finalement le Chancelier impérial connaîtront des contestations.

84. — Dispositions pénales pour la période d'application de la loi précédant le 1er août 1888.

85 à 88. — Dispositions finales : le Conseil fédéral peut suspendre temporairement ou définitivement l'application de la présente loi dans toute partie de l'Empire.

Le produit net du Monopole sera réparti entre les États confédérés proportionnellement à la population payant les contributions matriculaires et soumise au Monopole.

Les communes pourront, avec le consentement des autorités de surveillance, percevoir sur les boissons alcooliques consommées dans leur territoire une surtaxe équivalente à 50 0/0 du prix de vente fixé par le Conseil fédéral.

Les taxes communales sur l'alcool existantes avant le 1er août 1888 sont supprimées à partir de cette date.

L'exploitation de l'Administration du Monopole ne peut être imposée au profit ni de l'État ni des communes.

Nous avons fait connaître précédemment le projet de loi dont le Gouvernement impérial venait de saisir le Conseil fédéral, en vue de l'établissement du monopole des alcools. Depuis lors, ce projet de loi a été transmis au Reichstag (22 février), discuté par lui (4, 5 et 6 mars), et renvoyé à une commission de 28 membres qui a conclu au rejet (16 mars).

Nous allons mettre successivement sous les yeux du lecteur :

1° Les modifications introduites dans le projet primitif après l'examen dont il a été l'objet au sein du Conseil fédéral ;

2° Les parties essentielles de l'exposé des motifs joint au projet modifié, lors de sa présentation au Reichstag ;

3° L'analyse de la discussion.

Enfin nous reproduirons, en terminant, quelques-uns des tableaux annexés à l'exposé des motifs :

MODIFICATIONS INTRODUITES DANS LE PROJET DE LOI

Les établissements qui produisent au plus 100 hectolitres d'alcool annuellement, avec des matières amylacées, sont classés dans la catégorie des petites brûleries traitant au plus 70 hectolitres de matières non amylacées et dispensées d'installer l'outillage réglementaire, à la condition de produire une quantité d'alcool fixée chaque année par l'État (art. 4 et 17).

Les eaux-de-vie extraites des céréales, des fruits à pépins et à noyaux, de baies, de racines, de lies, de marcs, etc.. ne seraient plus comprises dans la catégorie des sortes d'alcool autres que celle qui est tirée de la pomme de terre et dont le prix doit être déterminé en prenant pour base le taux fixé pour l'alcool de pomme de terre (art. 23). Ces eaux-de-vie bénéficieraient d'un tarif spécial.

L'alcool destiné à la fabrication d'articles de consommation non considérés comme boissons alcooliques pourra être vendu à un prix réduit, fixé par le Conseil fédéral au-dessous du prix général (2 à 3 marks le litre, art. 26).

L'alcool employé dans la fabrication d'articles destinés à

l'exportation pourra être cédé à un prix inférieur au prix
coûtant et à fixer par le Conseil fédéral (art. 26).

Les quantités d'alcool pouvant être introduites en franchise ou moyennant le payement d'un droit ont été aug-
mentées.

Les voyageurs pourront introduire en franchise 1 kilogramme d'alcool, vases compris (au lieu de 500 grammes).
Les particuliers pourront faire entrer jusqu'à 50 kilogrammes annuellement, vases compris (au lieu de 25 kilog.),
en payant un droit de 15 marks (au lieu de 20 marks,
art. 29 et 30).

Un article nouvellement introduit dans la loi prévoit le
cas où l'état des lieux ne permettrait pas l'installation de
l'outillage réglementaire dans les brûleries qui ne trempent pas au delà de 10 hectolitres 1/2 par jour ou qui ne
traitent pas plus de 70 hectolitres de matières non amylacées dans l'espace d'une année ; des subventions seraient
accordées aux intéressés pour établir les constructions
nécessaires.

Le nombre des personnes qui auraient droit à une indemnité personnelle a été augmenté, la durée de l'exercice
professionnel ouvrant ce droit ayant été réduite de quatre
à deux années (art. 31).

Le Conseil fédéral pourra toujours suspendre temporairement ou définitivement l'application de la présente loi
dans toute partie de l'Empire (art. 85 du texte primitif);
mais le projet rectifié exclut dès à présent les territoires
de Hambourg, de Brême et de Bremerhaven du rayon soumis au monopole.

Enfin, les Parlements des trois États (Bavière, Wurtemberg et Bade) qui perçoivent actuellement l'impôt sur
l'eau-de-vie pour leur propre compte et non pour celui de
l'Empire, devant sanctionner d'abord la rétrocession de
cette prérogative à l'Empire, on a introduit, dans le projet
de loi soumis au Reichstag, un article qui réserve aux
pays susvisés la faculté de faire partie du territoire qui
serait régi par la loi concernant le monopole.

EXPOSÉ DES MOTIFS

La réforme fiscale entreprise il y a huit années a augmenté d'une manière notable les ressources de l'Empire ainsi que celles des États confédérés. La revision des lois concernant les douanes, le tabac et le timbre a produit de bons effets. Cependant les charges communales et scolaires sont toujours très lourdes. Il deviendrait possible d'en alléger le poids en remaniant l'impôt sur l'alcool qui, en Allemagne, paye une taxe bien moins élevée que dans les autres États. (*Voir le tableau A, page 51.*)

La santé publique exige également qu'on modifie la législation actuelle. Le nombre des alcooliques était, en 1881, de 4,143, soit 9.2 pour 100,000 habitants, contre 8.954, soit 19.8 pour 100,000 habitants, en 1884. La Prusse, à elle seule, a eu 7,001 malades en 1884 contre 2,821 seulement en 1881.

Les inconvénients du régime en vigueur sont nombreux. D'abord, la base du payement de la taxe (1) (la conte-

---

(1) La loi prussienne du 8 juillet 1868 règle l'exploitation commune de l'impôt sur les alcools. L'impôt impérial est actuellement perçu soit d'après la capacité des cuves, lorsqu'il s'agit de céréales et autres matières amylacées, soit d'après la quantité des matières à traiter, lorsqu'il s'agit de substances non amylacées.

Dans le premier cas, les brûleries agricoles (celles qui ne sont en activité que du 1ᵉʳ novembre au 16 mai, qui ne traitent que leurs propres récoltes et ne travaillent pas plus de 1,030 litres 1/2 par jour) payent à chaque encuvage 25 pfennigs par 22.9 litres de jauge; les autres brûleries payent 30 pfennigs.

Dans le second cas, il est dû : 40 pfennigs par 68.7 litres de substance entassée, telle que : marc de raisin, fruits à pépins ou marc de fruits à pépins, baies de toutes sortes; 80 pfennigs par 68.7 litres de raisin ou de boisson tirée de fruits, de lie de vin ou de fruits à noyaux.

Les autres matières non amylacées sont taxées d'après les

nance des cuves-matières) est mauvaise, car les brûleurs
tirent de 3 1/2 à 11 0/0 d'alcool des substances traitées :
les petites brûleries, les moins bien outillées généralement,
sont ainsi plus lourdement frappées. Cet état de choses a
été particulièrement nuisible dans les sept provinces
prussiennes de l'Est, où se fabriquent les 2/3 de l'alcool
allemand. Depuis 1845, il a disparu 1,427 petites brûleries
dans cette région, et la puissance productive des brûleries agricoles a considérablement diminué. *(Voir le tableau B.)*

En outre, la perception de l'impôt d'après la contenance
des cuves a pour conséquence de pousser les contribuables
à trop entasser la matière dans les appareils ; la distillation effectuée dans ces conditions est souvent imparfaite et
des millions de marks sont ainsi gaspillés chaque année.
Puis il est bien difficile de calculer exactement le taux des
restitutions d'impôt qu'il convient d'apporter à l'exportation. Finalement, le contrôle attaché à cette forme de perception est une gêne pour la fabrication.

Mais si l'on abandonnait ce système pour appliquer une
taxe sur le produit au moment où il est fabriqué, l'industrie aurait avantage à ne traiter que des matières plus
riches en principes alcooliques que la pomme de terre, et
les provinces prussiennes de l'Est, dont le sol sablonneux

---

prescriptions spéciales de l'Administration des finances qui pro-
portionne l'impôt au rendement d'alcool présumé.

D'après la loi prussienne de 1868, l'impôt devait ressortir à
1 groschen 9/16 par *quart* ou 1.145 litre d'eau-de-vie titrant
50 0/0 d'alcool. Dans ces conditions, l'hectolitre d'alcool pur
payerait environ 27 m. 40 pf.

La taxe perçue serait, parait-il, beaucoup moins élevée. D'a-
près un calcul reproduit par le Bureau fédéral de statistique
dans son *Exposé concernant la question de l'alcoolisme*, les petites
distilleries agricoles payeraient 16 m. 3 pf. d'impôt par hectolitre d'alcool pur et les grandes distilleries 15 m. 26 pf. Les alcools exportés bénéficient à la sortie d'une restitution d'impôt
calculée à raison de 16 m. 1 pf. par hectolitre d'alcool pur.

se prête surtout à la culture de ce tubercule, seraient
ruinées. Les petites brûleries agricoles disparaîtraient devant de grands établissements, comme en Angleterre, où il
n'existait, en 1882-83, que 13 brûleries payant en moyenne
7.5 millions de marks annuellement. L'agriculteur qui est
en même temps brûleur souffrirait beaucoup de cette trans-
formation, lui qui utilise les résidus de sa fabrication à
nourrir du bétail et à fumer sa terre. Enfin, pour obtenir
d'une taxe payée par le distillateur la recette qu'on se
propose de réaliser avec le monopole, il faudrait octupler
au moins le taux actuel de l'impôt qui est de 16 à 17
marks par hectolitre d'alcool pur.

L'adoption d'une pareille mesure sonnerait également le
glas pour les petites brûleries agricoles. Et bien des industries qui se rattachent au commerce des spiritueux
seraient ainsi atteintes sans que personne puisse prétendre
à aucune indemnité, tandis que la loi prévoit le cas où il
y aurait lieu d'en accorder.

Enfin cette évolution fiscale ne permettrait plus de pro-
téger le consommateur; or, d'après les experts, les deux
tiers au moins de l'alcool qui se boit contiennent un em-
pyreume très nuisible à la santé publique; on voit com-
bien l'intervention de l'État est justifiée.

Un droit de consommation payé à la sortie des alcools
ne produirait pas plus de bons résultats qu'une taxe perçue sur le produit dans le laboratoire : on déplacerait
l'instant de la perception, mais les inconvénients resteraient
identiquement les mêmes, aggravés encore par des mesures de surveillance qui paraîtraient moins supportables
en Allemagne qu'en France où l'on est habitué aux octrois.

En résumé, aucune des formes d'imposition précédemment examinées ne permettrait d'atteindre le but auquel
le Gouvernement vise.

Avec l'institution du monopole, il en sera tout autre-
ment.

L'industrie privée fabriquera comme par le passé; l'Administration, elle, n'interviendra que pour éviter des excès de production et pour assainir les alcools ; puis elle débarrassera les brûleurs de toute préoccupation relativement à la vente de leurs produits, en les leur achetant, et cela en accordant certains avantages aux petites distilleries. Enfin, le monopole, et le monopole seul, peut opposer une résistance efficace à l'invasion de l'alcoolisme. Le litre coûtera de 2 à 3 marks et le nombre des débits sera diminué.

L'institution du monopole détruira évidemment un grand nombre d'industries, mais tous les intéressés recevront une indemnité.

Le budget ordinaire de l'Administration du monopole s'établirait comme suit :

	Vente.	Prix de vente du litre.		Recettes brutes.
		d'alcool pur.	d'eau-de-vie à boire.	
	hectolitres.	m. pf.	m. pf.	millions de marks.
Eau-de-vie commune ...	2.016.400	2 50	0 83	504.0
Eau-de-vie supérieure de céréales............	150.000	3 60	1 20	54.0
Eau-de-vie supérieure de raisin..............	16.700	5 10	1 70	8.5
Eau-de-vie supérieure de fruits	17.200	10 00	5 00	17.2
Liqueurs de toute sorte.	15.000	12 00	4 00	18.0
Spiritueux étrangers (50 mille quintaux envir.).	25.000	12 50	5 00	31.2
Exportation, chauffage, éclairage, usages industriels, etc.........	1.785.000	20 00	» »	35.7
Recettes totales......................				668.6
Dépenses totales......................				365
Recette nette, environ				303

A côté du budget ordinaire, il y aura une sorte de compte de liquidation dont le montant, capital et intérêt calculé au taux de 4 1/2 0/0, ressort à 720,500,000 marks, savoir :

	Millions de marks.
Serrures pour le contrôle des appareils..	6.0
Tonneaux, entrepôts, fabriques	97.5
Frais d'exploitation..................	77.0
Indemnités et secours................	540.0
Total	720.5

TABLEAUX ANNEXÉS A L'EXPOSÉ DES MOTIFS.

A. — *Quote-part d'imposition sur les alcools par tête.*

Pays.	Population.	Recette nette.	
		Totale.	Par habitant.
		millions de francs.	fr. c.
France....................	37.500.000	237.5	6 33
Angleterre................	36.000.000	375.0	10 25
Russie (1)................	86.000.000	1.000.0	12 00
États-Unis................	50.000.000	372.5	7 50
Belgique..................	5.500.000	27.0	4 90
Pays-Bas..................	4.500.000	46.1	10 30
Suède.....................	4.500.000	27.3	6 00

B. — *Mouvement des brûleries dans les sept provinces prussiennes de l'Est.*

Années.	Brûleries payant annuellement				Nombre total des brûleries.	Recette fiscale brute.	Impôt payé par les brûleries agricoles.
	Moins de 150 marks.	De 150 à 1.500 marks.	De 1,500 à 15,000 marks.	Plus de 15,000 marks.			
						millions de marks.	marks.
1845....	591	2.185	1.887	115	4.778	13.5	593.217
1854....	389	1.173	2.036	123	3.721	15.1	465.558
1864....	112	615	2.160	539	3.416	28.9	970.989
1874....	69	402	1.185	1.011	3.297	39.3	593.775
1883-84.	50	393	1.699	1.209	3.351	44.8	386.331

C. — *Prix moyen des alcools indigènes de pommes de terre.*

Années.	Prix de l'hectolitre d'alcool pur (2).	Années.	Prix de l'hectolitre d'alcool pur (2).
	m. pf.		m. pf.
1875.................	51 20	1880-81.............	50 37
1876.................	47 02	1881-82.............	53 11
1877.................	51 01	1882-83.............	50 00
1878.................	51 69	1883-84.............	52 00
1879-80.............	54 92	1884-85.............	45 90

(1) En reproduisant tel quel le document allemand, nous croyons devoir faire remarquer que la Russie a aujourd'hui 101 millions d'habitants et que les 244 millions de roubles fournis au Trésor russe par les spiritueux ne représentent que 610 millions de francs, le rouble-papier valant environ 2 fr. 50 c.

(2) La moyenne décennale, après déduction de l'année la plus avantageuse et de l'année la moins favorable, ressort à 51 m. 39 pf.

D. — Prix moyen de la vente en détail en Prusse.

Provinces.	Richesse alcoolique.	Prix du litre		Prix du litre d'alcool pur	
		Au petit verre.	En détail. (Pas au petit verre.)	Au petit verre.	Au détail. (Pas au petit verre)
	p. c	m. pf.	m. pf.	m. pf.	m. pf.
Prusse de l'Est	31	0 40	0 35	1 02	0 90
Prusse de l'Ouest.....	40	0 54	0 38	1 35	0 95
Posnanie	39	0 40	0 35	1 02	0 90
Poméranie...........	31	0 45	0 35	1 45	1 13
Silésie..............	26	0 60	0 30	2 31	1 15
Brandebourg..........	30	0 42	0 32	1 40	1 07
Saxe................	40	0 83	0 41	2 07	1 02
Schleswig-Holstein....	38	1 97	0 49	5 18	1 29
Hanovre..............	39	1 30	0 53	3 33	1 34
Westphalie	40	1 46	0 95	3 65	2 37
Prusse rhénane.......	38	1 30	0 65	3 42	1 71
Hesse-Nassau.........	39	1 26	0 75	3 23	1 92

DISCUSSION DU PROJET DE LOI.

(Première lecture.)

Les débats ont été ouverts le 4 mars par M. de Scholz. Son discours n'est guère que le développement de l'exposé des motifs ci-dessus et nous pouvons le résumer très brièvement.

Pour faire disparaître le déficit dans le budget, diminuer les charges communales et scolaires, faire face à l'accroissement de la dette (que la construction du canal de la mer du Nord à la mer Baltique va encore augmenter), régulariser les pensions et augmenter les traitements des fonctionnaires, il faut de l'argent. On pourrait en trouver un peu en surtaxant la bière et beaucoup en s'adressant au tabac; mais le Parlement a placé ces deux produits sous son égide. Le Gouvernement, en proposant d'instituer le monopole, n'a d'ailleurs fait que déférer au vœu exprimé dans la séance du Reichstag du 20 janvier 1885 (1).

---

(1) Dans cette séance MM. Buhl et Uhden ont proposé d'augmenter l'impôt sur l'alcool. M. Uhden a réclamé l'institution du monopole des alcools.

Au point de vue politique, le monopole ajoute peu à la puissance du gouvernement qui dispose déjà des postes et télégraphes, des chemins de fer, des mines, usines et salines ainsi que des domaines.

Au point de vue économique, on protège la moralité et la santé publiques ; on vient en aide, non pas à 3.000 grands propriétaires seulement, ainsi qu'on l'a prétendu, mais à des milliers de moyens et de petits propriétaires et d'agriculteurs de toute sorte qui cultivent la pomme de terre. On ne leur fait pas un cadeau avec l'argent des contribuables, ainsi que cela a été dit. L'État achètera l'alcool que les brûleurs grands et petits fabriquent à un prix correspondant à la valeur de ce produit. Le cours des alcools sur le marché universel ne représente pas la valeur de l'alcool pour le brûleur. Cette cote ne se forme pas naturellement. Les primes d'exportation payées par certains pays ne permettent-elles pas d'offrir sur le marché international des alcools bien au-dessous du prix de revient normal ? Fait-on un cadeau lorsque, s'affranchissant du joug de la concurrence étrangère, on établit à l'intérieur un prix représentant la valeur d'un produit ? Il faut bien, si le monopole veut percevoir 300 millions, que les brûleurs puissent vivre.

Le monopole exproprie quelques industriels, mais il les indemnise ; 70,000 débitants seront occupés d'ailleurs.

Une objection formulée contre le monopole, c'est que l'État est un mauvais administrateur. L'État administre pourtant mieux que les particuliers : les chemins de fer, les postes et télégraphes, les mines, les usines et les forêts sont là pour démontrer cette vérité. Les grandes sociétés anonymes bien gérées n'ont rien à envier à l'initiative privée. Pourquoi le monopole ferait-il exception ?

Il est possible que la diminution de la consommation évaluée à 20 0/0 du chiffre actuel, d'après de sérieux éléments d'information, ne soit qu'un minimum ; mais même en acceptant comme vraie cette hypothèse, on reconnaîtra que les avantages créés par le monopole restent considérables.

Aussi convient-il d'examiner sérieusement le projet de loi.

M. de Huene demande le renvoi du projet à une commission de 21 membres. La puissance de l'Etat étant déjà très considérable, c'est un motif pour ne pas l'augmenter. L'État n'achète pas un produit agricole brut, mais un produit manufacturé et fabriqué par un groupe de producteurs : les intérêts de l'agriculture ne sont guère pris en considération dans tout cela. Le projet promet d'occuper les brûleries existantes. Le Ministre répond-il de l'avenir? La consommation et la fabrication se tiennent. L'État, d'après le projet de loi, fixe la quantité que devra produire chaque brûlerie, comme si la récolte et la consommation du bétail n'étaient pas les bases véritables de la fabrication. Contrairement aux affirmations du Ministre, les consommateurs allemands payeront plusieurs centaines de millions de leurs poches. Et tandis que de nombreux ouvriers dépenseront davantage, tout en buvant moins, quelques grands propriétaires de brûleries feront de florissantes affaires. Si on veut supprimer l'impôt perçu d'après la contenance des cuves-matière, qu'on établisse un impôt de consommation.

M. Richter constate que sur 5,000 pétitions relatives au monopole, sept seulement demandent cette institution. Une agitation violente règne contre le projet du Gouvernement qui n'est qu'une application des principes socialistes, à cette différence très notable près que le bénéfice réalisé ne profite pas à la masse des citoyens.

L'exposé des motifs parle de payer 35 marks l'hectolitre d'alcool de pommes de terre. En ajoutant à ce chiffre les frais de transport et autres, le prix de l'hectolitre augmente de moitié. En le payant 35 marks, on alloue donc aux 3,000 brûleurs qui travaillent la pomme de terre une subvention de 50 à 60 millions de marks.

Dans cinq années d'ici, le nombre de ces industriels aura diminué; la disparition des petites brûleries n'est qu'une affaire de temps. Les brûleurs auxquels on veut faire un cadeau avec l'argent des contribuables ne sont

pourtant pas, en général, des gens bien malheureux. Ainsi,
dans le district de Oels-Wartembourg, sur 37 brûleries,
8 appartiennent au roi de Saxe, 2 à des princes royaux,
et 5 à des comtes. Dans le cercle de Wartembourg, 3 brûleries sur 4 appartiennent à un prince. Dans toute la
Silésie, il existe 98 brûleries possédées par de nobles propriétaires et 183 brûleries appartenant à des bourgeois.
M. Richter évalue au chiffre de 1,500 à 1,750 millions de
marks la plus-value immédiate dont bénéficieraient les
biens des 3,000 fabricants d'eau-de-vie de pomme de terre,
si le monopole était institué. C'est précisément au moment
où l'on veut consacrer 100 millions au rachat de biens en
Pologne qu'on augmente la valeur de ces mêmes biens :
97 grands propriétaires polonais possèdent dans la province
de Posen des domaines auxquels le vote de la présente
loi ajouterait une valeur de plus de 100 millions de marks.

L'orateur fait observer que si la consommation dimi-
nuait non pas de 20 0/0, mais de 50 0/0, l'État perdrait
66 millions, ses recettes restant les mêmes.

Le Gouvernement fixe le prix de l'hectolitre d'alcool
vendu sur le marché international à 20 marks. D'après les
hommes d'affaires, le cours ne serait que de 15 marks et
l'exportation allemande ne pourra que produire une nouvelle dépréciation. L'orateur conclut au rejet de la proposition du Gouvernement.

M. de Wedel-Malchow se prononce au contraire pour
l'institution du monopole.

Dans la séance du 5 mars, M. Buhl a continué la discussion.

Le monopole occupera 100.000 individus, mais 200,000
personnes perdront leur gagne-pain. Les 70,000 débitants
révocables par le Gouvernement seront forcément à sa
dévotion.

Contrairement à l'opinion du Ministre des finances,
l'orateur pense que l'activité des brûleries diminuera. Le
marché international, dans ces dernières années, a trouvé
le placement de 150 millions de litres d'alcool, dont 100

millions étaient fournis par l'Allemagne, 30 millions par la Russie et 20 millions par l'Autriche-Hongrie. Actuellement, le marché demande encore 120 millions de litres : l'Allemagne en livre 78 millions, la Russie et l'Autriche 42 millions environ. Or, le projet instituant le monopole prévoit une production disponible de 178 millions de litres; en défalquant de ce chiffre 18 millions de litres destinés à l'industrie, on reste avec 160 millions de litres à offrir au marché international qui, lui, se contente de 120 millions de litres. On a proposé, en plaisantant, de verser l'excédent sans emploi dans le canal de la mer du Nord à la Baltique.

Est-il raisonnable de produire au delà des besoins ? La baisse des prix commencera sur le marché étranger, puis viendra détruire l'industrie indigène.

Le monopole, c'est la ruine en perspective pour quantité de brûleurs. La douzième partie de la consommation allemande est fabriquée par la ville de Nordhausen.

Les énormes indemnités qu'on devra payer dans cette localité n'amèneraient pas de nouvelles industries à la place de celles qui seraient chassées.

L'orateur repoussera le projet soumis au Reichstag. Il examinerait volontiers une proposition tendant à surtaxer l'alcool et demande la nomination d'une commission de 28 membres.

M. de Scholz constate qu'il n'a pas été prouvé que le monopole laisserait 200,000 personnes sans emploi. On s'efforcera de développer la consommation de l'alcool d'éclairage et de chauffage, afin de pouvoir utiliser une partie notable des 178 millions de litres disponibles. Rien ne prouve ensuite que l'Allemagne ne parviendra pas à se substituer à ses concurrents sur les marchés étrangers. Plus l'État exportera, plus il perdra, dit-on. Cela est assurément regrettable ; mais le but que poursuit l'État, c'est de faciliter l'existence de la production nationale en payant des prix rémunérateurs aux fabricants.

Le monopole des alcools existe déjà en Europe. Tout le monde connaît le régime des *samlag*, qui a été inauguré il y a quinze ans en Norvège et qui y donne de bons résultats (1). En Russie cette institution a fonctionné pendant vingt années, et, si on a pu s'en plaindre, c'est que l'exploitation du monopole avait été affermée.

M. Kræber fait remarquer que le budget du monopole a été établi comme suit : recettes brutes, 668 millions de marks ; recettes nettes, 303 millions de marks. Les frais d'exploitation et de perception représentent donc 55.3 0/0 des recettes. La base d'un impôt qui prend 100 marks dans la poche du pauvre et ne donne que 44 marks à l'Etat n'est-elle pas défectueuse ?

MM. de Lerchenfeld, Ministre de Bavière, et de Kardorff parlent en faveur du monopole.

M. Simonis dit que, sur 30,000 brûleurs alsaciens, 10,000 seront ruinés.

M. Rickert déclare que le monopole est mort et qu'il est inutile de s'en occuper davantage.

Dans la séance du 6 mars, M. Bamberger constate qu'avec le monopole on confisquerait les profits d'un grand

---

(1) En Norvège, dans les villes et dans les bourgs qui ont une organisation urbaine, le commerce en détail (*smaalsalg*). c'est-à-dire en quantités inférieures à 40 litres, constitue avec le débit une seule et même industrie dont l'exercice doit être autorisé par la municipalité.

Aux termes d'une loi du 3 mai 1871, le droit de vente en détail peut être aussi concédé à des sociétés (*samlag*) qui s'engagent à employer dans un but d'utilité publique le bénéfice net de l'entreprise. L'expérience faite jusqu'à présent établit que l'abus des boissons a diminué en Norvège depuis que les *samlag* y ont été introduits en 1871. Ces sociétés fonctionnent dans 42 villes norvégiennes où les débitants qu'elles installent font exécuter strictement les règlements édictés contre l'ivrognerie.

En Suède des sociétés créées sur le modèle de celle qui a été constituée en 1865 à Gothembourg se chargent d'acquérir les licences concernant la vente des spiritueux et de faire exploiter es débits. Les bénéfices réalisés par la compagnie (*bolag*) sont intégralement versés dans la caisse municipale.

nombre d'habitants de l'Empire, sans qu'il soit créé aucune valeur nouvelle.

Après un discours de M. de Scholz qui exprime l'espoir que dans une commission l'entente avec le Gouvernement pourra s'établir, le Reichstag renvoie à une commission de 28 membres le projet de loi concernant le monopole des alcools (1).

SECONDE LECTURE. — REJET DU PROJET DE LOI.

Dans le sein de la commission, la discussion n'a pas été bien longue. Le paragraphe premier du projet de loi a été rejeté par 19 voix contre 6, le paragraphe deuxième par 20 contre 5. Comme ces deux premiers paragraphes contenaient l'essence même du monopole, le rejet décida du sort du projet de loi tout entier. Quelques membres essayèrent de trouver un compromis, en suggérant l'idée d'un monopole de l'alcool brut, — l'État deviendrait l'acheteur exclusif de l'alcool brut et le revendrait aux négociants, aux distillateurs et aux exportateurs ; d'autres demandèrent qu'on proposât aux gouvernements de soumettre au Parlement un projet de loi élevant le taux de l'impôt. Ce serait en outre ouvrir la voie à des mesures restrictives de l'ivrognerie. L'entente ne put se faire non plus sur ce terrain, et le rapporteur de la commission, M. de Heilling, dut proposer au Parlement le rejet pur et simple du projet de loi.

La seconde lecture a occupé les séances du 26 et du 27 mars.

Le prince de Bismarck a demandé au Parlement d'accepter le projet de loi sur le monopole dans l'intérêt de l'Empire qu'il s'agit d'affermir et de consolider, dans l'intérêt des contribuables qu'il s'agit de soulager, dans l'intérêt des communes urbaines et rurales auxquelles il faut

---

(1) L'analyse donnée par le Bulletin de Statistique du ministère des finances s'arrête ici.

donner de nouvelles ressources. Consolider l'Empire en lui donnant une force financière qui lui manque, contenter les États particuliers et les individus, c'est l'objet du monopole. Le chancelier a demandé que le Parlement revînt sur sa décision de rejeter la loi, bien qu'il sût lui-même qu'il avait peu de chances d'être écouté. Il a usé de tous les arguments qu'il emploie d'habitude, il a agité le spectre de la guerre étrangère et du socialisme anarchique, en même temps qu'il attaquait l'opposition systématique qu'il rencontre au sein du *Reichstag*. Il a relevé vertement les insinuations qu'on s'était permises à son égard, tendant à le représenter comme agissant sous un intérêt personnel. Il a essayé de démontrer que le projet de monopole était avantageux aux petits distillateurs ruinés par la crise et les bas prix, tandis que les grands propriétaires ont les moyens d'attendre des temps meilleurs. Il s'est élevé contre les profits énormes réalisés par les cabaretiers; le débat était entre l'agriculteur et le débitant de boissons. Il a prévenu le Parlement que, si le projet était rejeté, d'autres propositions lui seraient faites dans le courant de la session, — un monopole amendé et un impôt sur la consommation. Le Parlement pourrait choisir. S'il s'y refusait, le roi de Prusse s'adresserait aux Chambres prussiennes pour demander les ressources nécessaires et frapper le débit des boissons d'un droit de patente et de consommation.

Les adversaires du monopole ont répondu au chancelier en développant une fois de plus les raisons qui militent contre ce mode de taxation. Il faut signaler le discours du baron Langwerth de Simmern. Nous n'insisterons pas sur cette discussion, à laquelle le Ministre des finances, M. de Scholz, a pris part le second jour.

181 voix contre 66 ont repoussé le renvoi à la commission ; — 181 voix contre 3 ont rejeté le projet de loi tout entier (1).

---

(1) 37 députés se sont abstenus.

V

Le monopole des eaux-de-vie en Russie
1650-1862 (1).

La *République française* annonçait dernièrement que
M. Jules Roche allait faire un voyage en Allemagne où
l'on projette l'établissement du monopole des alcools, et en
Russie où *un système analogue est déjà mis en pratique (sic)*.
Le renseignement relatif à la Russie eût été exact avant
1863, car depuis cette date le monopole a été remplacé
par un impôt indirect ordinaire. La Russie a été sous le
régime du monopole pendant deux siècles environ. C'est
Alexis Michaïlovitch (1645-1676) qui a introduit cette forme
d'impôt pour les eaux-de-vie : le gouvernement achetait
l'eau-de-vie aux producteurs et la vendait aux débitants à
des prix déterminés. Les débitants devaient prêter serment
et jurer qu'ils se contenteraient du bénéfice légal, sans
chercher à l'augmenter par la fraude. Le contrôle des
débits et la perception des recettes étaient confiés à des
fonctionnaires, élus, aux chefs des villes ou aux employés
de districts. Ceux-ci remettaient l'argent recueilli à l'administration centrale. Pierre le Grand chargea le Conseil com-
munal, dans les villes industrielles et commerciales, de la
gestion du monopole. Il reconnut à l'État le droit de faire
fabriquer l'eau-de-vie et obligea en même temps ceux qui
voulaient avoir le droit de bouillir à livrer le produit, à un

---

(1) Nous empruntons le tableau du monopole des eaux-de-vie
en Russie au traité du professeur J. Wolf.

prix déterminé, à la Couronne. Quelques personnes, les nobles, les couvents avaient le privilège de fabriquer librement pour la consommation domestique. On accordait même aux paysans, moyennant une légère redevance, l'immunité de l'impôt pendant quelques jours, dans des circonstances exceptionnelles, fêtes, noces, baptêmes.

Le monopole ne donna pas toujours des résultats satisfaisants lorsqu'il était exercé par le gouvernement, et Alexis Michaïlovitch l'afferma à diverses reprises, mais pour un temps très court. Jusqu'au milieu du dix-huitième siècle, le monopole demeura monopole d'État. Les impératrices Élisabeth et Catherine II essayèrent plusieurs fois du système de la ferme; mais le peuple s'en montra mécontent. et l'on revint au monopole gouvernemental. A dater de 1795, le système de la ferme fut introduit d'une façon permanente. Jusqu'à cette époque, les recettes avaient été de 980,000 roubles en 1725, de 3,450,000 en 1756, de 10,775,000 en 1794. La Couronne avait toujours vendu à un prix élevé au débitant : en 1793, 3 roubles les 12 litres 1/2.

En 1795, on adopta le projet du marchand Kandalintzeff, qui avait proposé la ferme comme règle générale. La franchise des nobles fut réduite à 1,125 litres par an. Sous le régime de la ferme, les recettes progressent (1799-1803 en moyenne 12 millions 1/2 par an, 1811-1815 14 millions 1/2). Mais si le Trésor avait tiré profit du changement, l'ivrognerie avait augmenté dans le peuple, malgré les ordonnances impériales les plus sévères. En outre, la contrebande prit une extension extraordinaire ; les fraudeurs s'organisaient en bandes armées qui résistaient ouvertement aux soldats mis à la disposition des fermiers.

En 1817, sous l'empereur Alexandre Ier, la ferme fut abolie et le gouvernement reprit l'administration du monopole. En 1819, les recettes s'élevèrent à 19 millions, en 1820 à 16 millions. On assista au spectacle extraordinaire de l'ivrognerie grandissante et de recettes de moins en moins considérables. En 1821, l'État encaissa 15 millions 1/2;

en 1822, 13 millions 3/4 ; en 1825, on était tombé à
12 millions. Le monopole de la vente par l'État fut un
échec complet. Le nombre des distilleries, l'exportation
diminuèrent. En 1814, on avait exporté 3 millions 1/2
roubles d'eau-de-vie, en 1825 seulement 109,000 roubles.
L'amiral Mordvinoff proposa un simple impôt sur le débit,
mais sans succès. Le comte Cancrin revint au système de
la ferme en 1827, système qui devait rester en vigueur
jusqu'en 1862.

Voici comment il était organisé. La fabrication était
libre, mais à la condition de livrer toute l'eau-de-vie fabriquée au fermier du monopole, à un prix déterminé. Le
fermier fixait le prix, qui ne devait jamais tomber au-
dessous d'un taux minimum convenu avec le gouvernement. Ordinairement ce prix couvrait seulement la valeur
du produit et il variait suivant le cours des céréales. Le
fermier avait d'ailleurs le droit de fabriquer lui-même ou
d'importer des autres provinces. L'administration annonçait
que la ferme pour tel ou tel gouvernement était à céder :
il fallait envoyer les soumissions cachetées au Sénat diri-
geant, qui concédait l'exploitation à l'offre la plus avantageuse. On procédait également par adjudications publiques. La ferme était accordée pour un gouvernement et
pour quatre ans. Le fermier devait déposer un cautionne-
ment représentant environ la moitié de sa redevance annuelle, et acquitter par quinzaine au Trésor la somme
convenue ; il était obligé d'acheter aux distillateurs de la
province toute l'eau-de-vie produite à un prix minimum
déterminé et ne pouvait la revendre plus cher qu'un prix
maximum. En moyenne, les fabricants vendaient à la
ferme à raison de 45 kopeks le vedro de 12 litres 1/3 à
40 degrés; le fermier cédait l'eau-de-vie entre 6 et 10 roubles le vedro aux débitants. Il avait main libre entre
les limites fixées par l'Etat pour l'achat et la revente. Les
frais d'exploitation étaient à sa charge, et comme sa sphère
d'action était étendue, les frais étaient considérables. Il
devait non seulement surveiller les distilleries de son

ressort, mais encore garder les frontières intérieures contre
la contrebande des provinces voisines. La corporation des
fermiers de l'eau-de-vie était très puissante et disposait
d'une grande influence ; les bénéfices en général étaient
énormes. On cachait soigneusement le chiffre de vedros
vendus dans chaque province. L'État a encaissé en 1828
21 millions, en 1850 41 millions 1/2, en 1859 74 millions.
Les fermiers poussaient de toutes leurs forces à la consommation. En 1849, la ferme de l'eau-de-vie fut étendue
à la totalité de l'empire.

L'empereur Alexandre II a eu le mérite de supprimer
une forme d'impôt qui présente les plus grands inconvénients et qui est en contradiction avec l'esprit moderne.
Les fermiers ont offert, dit-on, jusqu'à 300 millions de
roubles par an pour le maintien de leurs privilèges, s'obli-
geant à percevoir l'impôt dans les formes qu'on leur pres-
crirait. Sur le refus du gouvernement, ils brûlèrent leurs
archives, afin de dérouter le ministère des finances.

La liquidation du monopole des fermiers ne se fit pas
sans difficulté. L'État se trouvait en 1863 créancier de
53 millions de roubles pour des redevances en retard, tandis que les cautionnements ne dépassaient pas 23 millions.
Il fallut entamer une série de procès, dont beaucoup abou-
tirent à des arrangements à l'amiable.

En 1858, une commission fut chargée d'étudier les réformes à introduire ; elle élabora un projet de loi qui reçut
en 1861 la sanction impériale et entra en vigueur le
1er janvier 1863.

La perception a lieu dans les usines qui sont soumises
à l'exercice et qui paient, outre un droit de patente, une
taxe de 9 kopeks par degré d'alcool. Le fabricant jouit
d'une certaine franchise sur une partie des excédents qu'il
parvient à obtenir sur le minimum de rendement légal.
Il existe en Russie 2,447 fabriques produisant 33,612,000
vedros. On sait que l'impôt sur les boissons a donné en
1884 244 millions de roubles (617 millions de francs).

TABLE DES MATIÈRES

PARIS. — IMP. CHAIX, RUE BERGÈRE, 20. — 9572-6.